KB247352

SETH
GODIN
ALL MARKETERS
ARE LIARS

세스 고딘 SETH GODIN

세계적인 마케팅 구루이자 성공을 거둔 기업가이며, 세계 15개 국어로 번역·출간된 일곱 권의 베스트셀러의 저자이기도 하다. 그가 쓴 『보랏빛 소가 온다(Purple Cow)』는 2000년대에 세계적으로 가장 많이 팔린 마케팅서적이다. 또한 『보랏빛 소가 온다 2(Free Prize Inside)』는 『포브스』와 『패스트 컴퍼니』지의 '올해의 책'으로 선정되기도 했다. 그는 『월스트리트 저널』과 『포브스』 『포춘』 『패스트 컴퍼니』, 그리고 『비즈니스 위크』 등에 단골로 등장해왔으며, 『석세스풀 미팅스 매거진(Successful Meetings Magazine)』이 뽑은 '차세대 명강사 21인'의 한 사람으로 선정되었다.

안진환

연세대학교를 졸업했다. 현재 경제경영서 분야에서 활발한 활동을 펼치고 있는 전문번역가이다. 성균관대학교와 명지대학교에 출강했으며, 인트랜스 번역원과 온라인 번역학교 트랜스쿨의 원장이기도 하다. 저서로는 『영어실무번역』이 있으며, 역서로는 『빌게이츠@생각의 속도』 『강한 국가의 조건』 『누가 우리의 밥상을 지배하는가』 『허브 코헨의 협상의 법칙 2』 『애덤 스미스 구하기』 『편지』 『보랏빛 소가 온다 2』 등 다수가 있다.

ALL MARKETERS ARE LIARS by Seth Godin

Copyright ⓒ Seth Godin, 2005
Korean Translation Copyright ⓒ Jane Books, 2007
All rights reserved including the right of reproduction in whole or in part in any form.
This edition published by arrangement with Portfolio, a member of Penguin Group(USA) Inc.,
throught Shinwon Agency Co.

이 책의 한국어판 저작권은 신원 에이전시를 통한 Penguin(USA) Inc. 사와의
독점 계약으로 도서출판 재인이 소유합니다.
저작권법에 의하여 한국 내에서 보호를 받는 저작물이므로 무단전재와 복제를 금합니다.

세 스 고 딘

마 케 터 는

새 빨 간

거 짓 말 쟁 이

마케팅을 **강력**하게 **만드**는 **스토리텔링**의 **힘**

안진환 옮김

재인

마케터는 새빨간 거짓말쟁이

초판 1쇄 펴낸 날 2007년 3월 16일 7쇄 펴낸 날 2022년 9월 16일
지은이 세스 고딘 옮긴이 안진환 펴낸이 박설림 펴낸곳 도서출판 재인 디자인 오필민디자인
등록 2003. 7. 2. 제300-2003-119 주소 서울시 강남구 언주로 30길 13 대림아크로텔 1812호
전화 02-571-6858 팩스 02-571-6857

ISBN 978-89-90982-21-6 03320   Copyright ⓒ 재인, 2007 Printed in Korea.

이 책은 저작권법에 의해 보호를 받는 저작물이므로 무단전재와 복제를 금합니다.
책값은 뒤표지에 있습니다. 잘못된 책은 바꿔드립니다.

사실 그대로를 말하지 말고,
스토리를 이야기하라.

리마커블 하게!
일관성 있게!
진정하게!

당신의 스토리를, 그것을 믿을 만한 사람들에게 들려주라.

마케팅은 강력하다. 그것을 현명하게 활용하라.

그 거짓말대로 살아가라.

오늘날 한국 기업의 화두는 혁신과 차별화에 근거한 경쟁 전략의 수립이라고 할 수 있습니다. 이중 차별화는 마케팅의 핵심적인 콘셉트로 간주되고 있으며, 한 기업을 다른 기업과 색다르게 만들어 주는 효과적인 도구입니다. 달리 말하면 '차별화'라는 용어는 치열한 경쟁 속을 달려가는 우리네 기업들이 남과 달라야만 생존할 수 있다는 절박한 외침일 지도 모릅니다.

차별화의 중요성에 대해 모두가 공감하는 반면, 차별화를 위해 마케팅에서 활용할 수 있는 도구는 크게 제한되어 있습니다. 다시 말하면, 차별화에 대한 수요는 증가하는 반면 실용적인 차별화 방법은 수요를 좇아가지 못하는 형편입니다. 기존의 차별화 방식은 주로 마케팅 4P(가격, 제품, 프로모션, 유통)를 중심으로 행해지며 특히 프로모션인 광고에 높은 비중을 두고 있지만, 광고는 갈수록 목표 소비자의 관심을 끄는 데 실패하고 있고 효과 또한 예전에 비해 약해진 것이 사실입니다. 지금은 기업이 소비자에게 어필할 새로운 차별화 방법이 필요한 시점입니다. 예전과는 확연히 다른 차별화 방법을 찾느냐 못 찾느냐에 따라 기업의 순위가 하루아침에 뒤바뀌기도 하고 인지도가 낮았던 기업이 혜성처럼 등장해 시장을 단숨에 점령해 버리기도 합니다.

세스 고딘은 이와 같은 시장의 요구를 충분히 이해하고 차별화를 실천하는 방법을 찾아 헤매는 기업을 위해 그만의 노하우를 들려주는 탁월한 능력을 지닌 사람입니다. 그는 전작인 『보랏빛 소가 온다』에서 핵심적인 차별화 개념으로 'Remarkable'을 소개하면서, 그저 그런 누런 소들로 가득한 지루한 들판의 풍경 속에서 만일 한 마리의 보랏빛 소를 발견한다면 사람들은 눈을 떼지 못하고 경이로워하며 누가 시키지 않아도 타인에게 열성적으로 이야기를 전할 것이라고 했습니다. 또한 그는 이 개념을 마케팅에 적용하여 아무도 관심 없는 죽어버린 광고에 투자하는 대신 사람을 흥미롭게 하고 주목시키며 이야깃거리가 만발할 리마커블한 제품과 서비스를 만드는 전략을 채택해야 한다고 역설합니다.

차별화의 철저한 신봉자이자 실천가인 세스 고딘이 새로운 책, 『마케터는 새빨간 거짓말쟁이』를 통해 우리에게 전하고자 하는 메시지는 무엇일까요? 그것은 바로 차별화의 또 다른 방식인 '스토리텔링'입니다. 스토리는 광고가 존재하기 전부터, 아니 마케팅이 생겨나기 훨씬 전부터, 그러니까 태초부터 존재해 오는, 사람과 사람을 연결해 주는 의사소통의 방식입니다. 스토리텔링은 아이디어를 퍼트리는 유일한 방법이며 타인을 이해시키기 이전에 자기 스스로를 설득하는 수단이기도 합니다. 무엇보다도 사람들은 스토리를 좋아하고 스토리를 찾기 때문에, 세스 고딘은 우리에게 진정한 스토리란 무엇이고 어떻게 효과적으로 작동되며 회자될 만한 스토리를 만드는 방법이 무엇인지 아낌없는 조언을 하고 있습니다.

실제로 그의 스토리텔링에 관한 주장은 현실 비즈니스 세계에서 여과 없이 증명됩니다. 여성의 건강에 좋다는 이유로 석류가 유행하고 신비의 물이라는 이름으로 아무 과학적 근거 없이도 육각수가 히트상품 대열에 버젓이 올라가 있는 것을 볼 수 있습니다. 또, 비슷한 사양을 가지고 있는데도 불구하고, 싸고 저렴한 중국산 운동화보다는 값비싼 브랜드 운동화를 더 선호하는 모습을 관찰할 수 있습니다. 이런 현상을 비이성적인 인간의 인지 부조화라고 치부할 수 있을까요? 그렇지 않습니다. 이 현상의 이면에는 유능한 마케터가 만든 그 제품의 진정한 스토리가 숨겨져 있습니다. 진정한 스토리란 목표 고객이 듣기를 원하는 가치가 녹아 있는 스토리, 뇌리에 오래 남는 재미있고 유쾌한 스토리이며 이런 빛나는 스토리를 만들기 위해 온갖 노력을 경주한 결과 지루한 스토리의 경쟁 제품을 누르고

고객의 사랑을 독차지하는 것입니다. 이 책 속에는 스토리텔링
으로 자사를 차별화하는 데 성공한 더 많은 사례들이 당신을
기다리고 있습니다.

저자는 이 책을 통해, 마케팅을 해야 할 대상(제품, 서비스 및 더
나아가 자기 자신에 이르기까지)은 있으나 차별화된 스토리가 없어
실패를 거듭하는 모든 이들에게 파워풀한 스토리를 만드는 방
법을 가르치고 있습니다. 차별화의 중요성은 점점 증대되나 그
실천 방법을 찾기 힘든 현 시점에 이 책을 통해 타인이 모방하
기 어려운 자신만의 스토리텔링을 구축하는 것은 기업뿐 아니
라 개개인에게노 강력한 무기가 될 것입니다. 끝으로 실체와
어긋남 없이 일치하는 진실한 스토리텔링만이 가치 있고 큰 효
과를 발휘한다는 저자의 믿음을 되새기며, 거짓된 가짜 스토리
가 판을 치는 작금의 상황에 이 책이 많은 기업인들에게 경종
이 되기를 희망해 봅니다.

서울대학교 경영대학 교수

김수욱

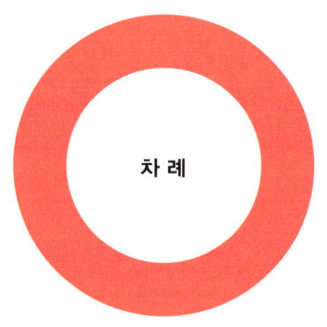

차 례

하이라이트

All Marketers Are Liars

나는 당신에게 진실을 이야기할 생각이 조금도 없다.

그 대신, 스토리를 하나 들려주려고 한다. 이 스토리는 마케터들이 왜 사실을 전달하려는 시도를 멈추고 그 대신 사람들이 믿는 바에 초점을 맞추어 그들의 세계관을 더욱 강화시키는 스토리를 전하려고 노력해야 하는지, 그 이유에 관한 것이다.

하지만 오해는 마시길. 무슨 계략이나 정보 조작, 혹은 조금 중요할지도 모르는 사소한 일들에 대한 이야기가 아니다. 이것은 비즈니스를 하는 완전히 새로운 방식에 관한 이야기다. 또한 '아이디어가 어떻게 퍼져나가는가'에 관한 완전히 새로운 패러다임이다. 퍼져나가는 스토리를 들려주거나, 실패하거나. 결론은 둘 중 하나다.

우선 처음 몇 쪽에서 나는 이 책 전체를 관통하는 주제를 설명할 것이다. 그다음에는 그것을 몇 부분으로 나누어 하나씩 차근차근 살펴볼 예정이다. 그러고 나면 당신도 스토리를 이야기하는 방법에 대해 알게 될 것이다.

태 초 에   스 토 리 가   있 었 다

마케팅이 있기 전부터, 쇼핑카트가 생기기 전부터, 그리고 광고가 등장하기 훨씬 전부터 사람들은 이미 스스로에게 스토리를 들려주었다.

사람들은 주위의 사물들을 눈여겨보았다. 사람들은 태양이 매일같이 떠오른다는 사실을 깨달았고, 그리하여 하늘을 달리는 헬리오스(그리스 신화의 태양신-옮긴이)와 그의 전차에 관한 스토리를 만들어냈다. 사람들은 병들었고, 그리하여 '체액과 방혈(放血. 피 뽑기를 말하는 것으로 초기 생리학에서는 고열 치료의 상식이었다-옮긴이)'이라는 스토리를 만들어내 환자를 이발사에게 보냈다(중세에는 이발사가 외과의를 겸했다-옮긴이).

스토리는 세상을 좀 더 쉽게 이해하도록 해준다. 스토리는 우리가 아는 한, 아이디어를 퍼뜨리는 유일한 방법이다.

마케터는 스토리텔링을 발명하지 않았다. 다만 그것을 완성했을 뿐.

당신은 거짓말쟁이다

나도 그렇다.

우리 모두는 거짓말쟁이다. 우리가 스스로에게 스토리를 들려주는 이유는 우리 자신이 미신적인 존재이기 때문이다. 상세한 것을 모두 알아내기에는 이 세상 정보가 너무나 많고, 따라서 우리는 하나의 지름길로서 스토리를 택하는 것이다. 우리가 스스로에게 들려주는 스토리는 이 복삽한 세상을 한결 쉽게 살아가도록 해주는 거짓말이다. 우리는 상품과 서비스, 친구, 뉴욕 양키스, 심지어 날씨에 대해서까지 스토리를 만들어낸다.

우리는 스스로에게 결코 진실일 수 없는 스토리를 들려주고, 그러면서 그 스토리들 덕분에 잘 살아갈 수 있다고 믿는다. 우리는 그 스토리가 완벽한 진실이 아니라는 점을 안다. 하지만, 그것이 통하므로, 받아들인다.

우리는 배우자와 친구, 상사나 부하직원, 그리고 고객들에게 스토리를 들려준다. 그러나 그들 모두에 앞서 자기 자신에게 스토리를 들려준다.

마케터는 좀 특별한 종류의 거짓말쟁이다. 마케터가 소비자에게 거짓말을 하는 이유는 소비자가 그것을 요구하기 때문이다. 마케터는 스토리를 만들어내고, 소비자들은 그것을 믿는다. 어떤 마케터는 스토리를 아주 잘 만들어낸다. 그런가 하면 영 소질이 없는 마케터도 있다. 때로는 스토리가 사람들의 일을 도와주기도 하고, 때로는 인생을 더 즐겁게 만들며, 심지어는 더 오래 살게 해주기도 한다. 하지만 스토리에 진실성이 부족할 경우 심각한 부작용을 일으키며 소비자는 그 대가를 치른다.

성공하는 마케터는 모두 스토리를 만들어내는데, 그 이유는 소비자들이 그것을 강력히 요구하기 때문이다. 소비자들은 자기 자신이나 다른 사람들에게 스토리를 들려주는 일에 익숙하기 때문에, 그들이 스토리를 들려주는 사람에게 물건을 구입하는 것은 지극히 당연한 일이다. 사람들은 진실을 감당하지 못한다.

게오르그 리델도 거짓말쟁이다

게오르그 리델(Georg Riedel)은 전통적인 기술을 중시하며 10대째 가업을 이어 내려오고 있는 유리잔 제조의 명인이다. 나는 그가 꽤 괜찮은 사람이라는 말을 들은 적이 있다. 그런데 그는 스토리를 들려주는 데도 매우 뛰어나다.

그의 회사는 와인 잔을 만든다(물론 스카치 잔과 위스키 잔, 에스프레소 잔도 만든다. 그리고 물잔도). 그와 그의 직원들은 '모든 음료에는 그에 걸맞은 완벽한 모양의 잔이 존재한다'고 굳게 믿고 있다.

와인글라스의 명가 리델의 웹 사이트를 살펴보자.

와인의 메시지, 즉 그 맛과 향이 얼마나 잘 전달되느냐는 잔의 형태에 달렸다. 와인의 메시지를 사람의 감각에 가장 잘 맞게 전달하는 것이 와인 잔의 의무다.

『와인 스펙테이터(Wine Spectator)』지의 편집장 토머스 매슈스(Thomas Matthews)는 이렇게 말한다.

"리델의 와인 테이스팅에 도전하는 사람들은 일단 회의를 품고 시작한다. 나 역시 그랬다."

하지만 그러한 회의론은 오래가지 않는다. 가히 와인 비평의 제왕이라고 할 수 있는 로버트 파커 주니어(Robert Parker, Jr.)의 말을 들어보자.

"기술적 요구와 쾌락적 요구, 이 두 가지를 모두 충족시켜 주는 최고의 글라스는 리델의 글라스다. 리델 글라스가 좋은 와인에 미치는 영향은 대단한 것이다. 그것이 만들어내는 그 큰 차이는 아무리 강조해도 지나침이 없다."

파커와 매슈스를 위시하여 수많은 와인 비평가들이 이제는 리델 글라스의 신봉자가 되었다(그리고 그 결과, 그들은 현재 리델의 가장 훌륭한 입소문 마케터들이다). 지구상의 수백만 와인 애호가들이 그들에게 설득당해, 한 병에 200달러짜리 고급 와인(뭐, 2달러짜리 와인이라도 마찬가지다)은 그에 어울리는 리델 글라스에 마셔야 맛이 더 좋다고 믿는다.

미국과 유럽에서 있었던 품평회에서 와인 전문가들은, 제대로 된 와인 잔에 따라서 마실 경우 와인이 훨씬 더 좋은 맛을 낸다는 사실을 여실히 증명했다. 똑같은 와인을 하나는 일반 잔에, 그리고 또 하나는 와인에 적합한 리델 글라스에 따라서 내놓았을 때, 그들은 이 비싼 글라스가 훨씬 더 나은 맛을 낸다는 사실에 예외 없이 공감했던 것이다.

대단한 발견이었다. 5달러짜리 와인이든 20달러짜리 와인이든, 심지어 500달러짜리 와인도 그다지 비싸지 않은(더구나 얼마든지 다시 쓸 수 있지 않은가!) 와인 잔 하나로 맛을 엄청나게 끌어올릴 수 있다니.

그러나 **과학적**이고 **공정한** 테스트, 즉 실험 참여자가 무슨 잔인지 알아챌 수 있는 힌트를 모두 차단한 상태에서 실험을 하자 와인 잔에 의한 차이는 전혀 나타나지 않았다. 1달러짜리 잔이나 20달러짜리 잔이나 와인의 맛에 미치는 영향은 거의 같았던 것이다. 바꿔 말해 아무 영향도 없었다는 얘기다.

그렇다면 이 두 실험의 결과가 시사하는 바는 무엇일까? 와인 전문가들은 리델 글라스로 마실 때 맛이 더 좋다고 주장한 반면, 과학자들은 그렇지 않음을 쉽사리 증명할 수 있었던 이유가 무엇일까?『구르메(Gourmet)』지의 대니엘 제들링(Daniel Zwerdling)은 그 이유를 이렇게 설명한다.

"리델 글라스의 와인 맛이 더 좋게 느껴지는 이유는 **사람들이 그래야만 한다고 믿기 때문이다.**"

정말 일리 있는 설명이다. 맛이란 주관적인 것이다. 만일 당신이 팬케이크는 IHOP(미국 전역에 1,000여 곳의 체인점을 가진 팬케이크 전문점-옮긴이)에서 먹어야 제 맛이라고 생각한다면, 정말로 그렇게 느껴질 것이다. 당신이 그걸 기대하기 때문이다.

리델은 연간 수백만 달러어치의 글라스를 판매한다. 지적이고 부유한 와인 애호가들은 리델 글라스를 가짐으로써 전보다 한층 더 나은 와인 맛을 경험한다.

마케팅은, 틀림없이, 와인 맛을 더 좋게 만든다.

'값나가는 글라스와 그 안에 담긴 스토리'라는 형태의 마케팅은 오크통이나 질 좋은 코르크 마개, 또는 6월의 강수량보다 와인 맛에 더 큰 영양을 미친다. 게오르그 리델은 당신에게 스토리를 늘려줌으로써 당신의 와인을 더 향기롭게 만든다.

내 친한 친구 몇 명은 거짓말쟁이다

아서 리올로(Arthur Riolo)는 세상에서 둘째가라면 서러워할 스토리텔러다. 아서는 뉴욕 시의 북쪽, 내가 사는 소도시에서 부동산업을 한다. 어찌나 거래를 잘 성사시키는지, 도무지 그를 따라올 자가 없다. 비결은 '아무것도 팔지 않는' 것이다.

집의 구조나 세금 관계 같은 것은 누구나 설명할 수 있다. 하지만 그는 그러지 않는다. 대신에, 그는 남들과는 좀 다른 걸 한다. 집을 구하는 부부가 찾아오면 일단 그들을 차에 태우고 나간다. 그리고는 동네 주위를 오르락내리락하면서 이 집 저 집을 가리킨다. 내놓지도 않은 집들을. 저 집에는 존이라는 사람이 사는데 직업이 무어라는 둥, 저 집을 어떻게 찾고 얼마 주고 샀다는 둥, 또 그 집 개 이름은 뭐고 애들은 어떻게 되었다는 둥, 별별 얘기를 다 하면서 말이다. 동네 사정이나 오랫동안 앙숙으로 지내온 이웃집들 얘기, 그리고 부녀회 활동에 관한 얘기도 빠뜨리지 않는다. 그리고 나서야 비로소 집을 보여준다.

아서의 고물 트럭 때문인지, 또는 동네에서 아서를 모르는 사람이 없기 때문인지, 그도 아니면 그가 그 동네에 대해 아주 만족스러워하는 것처럼 보이기 때문인지는 몰라도, 어쨌든 사람들은 안 사고는 못 배긴다. 사람들이 그에게 집을 사는 것은 단지 그 집이 좋아 보여서가 아니다. 좋은 스토리가 있는 집이기 때문이다.

보니 시글러(Bonnie Siegler)와 에밀리 오버만(Emily Obermann)도 스토리를 이용한다. 그들은 뉴욕이라는, 세계에서 가장 경쟁이 치열한 도시에서 활동하는 그래픽 디자이너다. 그리고 그들은 자신들의 성공이 우연이라고 주장한다. 보니와 에밀리는 '넘버 17(Number 17)'이라는 회사를 운영하는데, NBC와 '섹스 앤드 더 시티(Sex and the City)', 머서 호텔(Mercer Hotel) 등이 그들의 고객이다.

그들의 회사와 웹 사이트, 직원들, 사무실, 그들의 성향……, 이 모든 것이 스토리 그 자체다. 단 하나의 스토리. 즉, 관습에 도전하며 상식을 뛰어넘는 일을 하는 두 여자에 관한 스토리다. 그들의 웹 사이트는 딱 한 쪽짜리로 되어 있어서 들어가본 사람들 중에는 무슨 오류가 있는게 아닌가 생각하는 사람도 있다. 그들의 사무실은 뉴욕 한 귀퉁이에 있는 별 특징 없는 건물의 별 특징 없는 문 뒤쪽에 숨어 있는데, 일단 문이 열리면 방문자는 재미와 추억과 기이함과 생생한 활력에 단번에 압도당하고 만다.

'넘버 17'에서 단지 디자인만을 사는 사람은 없다. 그들은 거래 과정에서 경험할 수 있는 그 느낌까지를 사는 것이다.

자, 지금까지 소개한 부동산 중개업자와 그래픽 디자이너, 그리고 와인글라스, 이들의 공통점은 무얼까? 아마도 찾기 힘들 것이다. 가격 결정, 구매 빈도, 광고 채널, 판매 방식, 모두 아니다. 단 하나의 공통점이 있다면, 사람들이 그들에게 사는 것은 물건이 아니라는 것이다. 사람들은 그들에게 스토리를 산다.

'원하는 것'과 '필요한 것'

8만 달러짜리 포르셰 카엔(Porsche Cayenne)과 3만 6천 달러짜리 폴크스바겐 투아레그(VW Touareg)이 실은 같은 공장에서 출하되는, 사실상 같은 자동차라는 사실을 알게 되면 어떤 생각이 들까? 혹은 당신이 새로 구입한 노트북이 사용해 보니 전에 쓰던 것보다 그다지 빠르지도 않다면? 왜 소비자들은 '항생물질이 들어 있지 않은 계란'이라고 선전하면 비싼 값을 주고 사는 것일까? 모든 닭들이—심지어 싸구려 알을 낳는 닭까지도—사실은 항생물질 없이 길러지고 있는데도 말이다.

진실이 무엇인지는 상관이 없다. 단기적 관점에서 보면, 어떤 것이 실제로 품질이 더 좋은가, 빠른가, 효율적인가 하는 것은 전혀 문제가 되지 않는다. 중요한 것은 소비자들이 어떻게 믿고 있느냐이다.

먼 옛날, 일용품을 만들어 팔면 돈이 되던 시절이 있었다. 제품이나 서비스를 더 좋게, 더 싸게 만드는 것이 성장과 수익을 향한 확실한 길이었다. 오늘날엔, 물론, 규칙이 바뀌었다. 당신보다 더 싼 값에 물건을 만들 수 있는 사람이 넘쳐나기 때문에, 같은 값에 월등히 좋은 제품이나 서비스를 제공한다는 강점은 오래 유지하기 힘들게 되었다.

마케터들이 돈을 버는 이유는 소비자들이 자신에게 필요한 것을 사는 대신 원하는 것을 사기 때문이다. 필요하다는 것은 실용적이고 객관적인 것이지만, 원한다는 것은 불합리하며 주관적인 것이다. 당신이 무엇을 팔든, 그리고 그 상대가 기업이든 일반 소비자든 간에 이윤과 성장으로 가는 지름길은 사람들이 필요로 하는 것이 아닌, 그들이 원하는 것을 충족시켜 주는 데 있다. (당신의 제품이 그저 만족시켜 주는 척만 할 것이 아니라 그들이 원하는 것을 진정으로 충족시켜 주어야 한다는 것은 말할 것도 없다.)

퓨마가 정말로 당신의 삶을 바꿀 수 있을까?

이제부터 나는 사람들이 왜 자기 자신에게 거짓말을 하는지, 그리고 소비자들이 매일 접하는 정보의 홍수 속에서 스토리라는 것이 얼마나 필요한지 설명할 것이다.

사람들이 스토리를 믿는 이유는 그것이 마음을 끌기 때문이다. 우리는 우리가 사려고 마음먹은 것에 관해 스스로에게 거짓말을 한다. 소비자들은 시간을 절약해 주거나 자신을 좀 더 예쁘고 부자처럼 보이게 만들어 줄 것이라고 믿는 제품을 갈망한다. 또한 소비자들은 마케터가 결정하는 것보다는 자기 스스로 결정하는 것이 더 낫다고 생각한다. 그래서 그들은 새로운 제품이 자신의 내밀한 욕망을 어떻게 충족시켜 줄 것인지 설명하는 스토리를 만들어 스스로에게 들려준다.

한 시간 전에 나는 스토리가 스테파니(Stephanie)의 얼굴을 바꿔놓는 것을 목격했다. 스테파니는 직업이 물리치료사기 때문에, 몰라서 그랬을 것 같지는 않다. 그녀는 한정 수량으로 판매하는 퓨마 운동화를 사려는 참이었다. 운동화 값은 125달러로, 그녀가 하루 종일 힘들게 일하고 받는 돈에 맞먹는 수준이었다.

그 운동화가 발이 얼마나 편한지, 밑창의 재질은 무엇인지, 얼마나 튼튼한지……, 그녀가 그런 걸 생각하고 있었을까? 물론 아니다. '그 운동화를 신으면 남들에게 어떻게 보일까……', 그것이 바로 그녀가 상상하고 있었던 내용이다. 사람들이 자신의 멋진 모습을 쳐다볼 때 행복해질 스스로의 모습을 머릿속에 그리고 있었던 것이다. 그녀는 자신이 성인이고, 원한다면 터무니없는 가격의 신발이라도 살 수 있는 전문 직업인이라는 스스로의 의견을 수용했다. 바꾸어 말하면 스스로에게 거짓말을 하느라고, 스토리를 들려주느라고 바빴던 것이다.

스테파니가 퓨마 운동화를 사면서 **느꼈던** 것들, 그것이 바로 **상품**이었다. 중국산 3달러짜리 운동화를 사면서는 느낄 수 없는 것들. 퓨마 운동화의 몇분의 일 가격이면 적당한 신발을 살 수도 있었다. 마케터가 그녀에게 판 것은 자신을 특별한 사람으로 느끼도록 해주는 스토리였다. 사람과 사람 사이로 퍼져나가는 것은 스토리지, 아이디어나 제품의 특성, 그것을 사면서 얻는 이득 같은 것들이 아니다.

오해하지 말라. 이것은 결코 우연히 일어난 일이 아니다. 퓨마는 스토리를 들려주기 위해 노력하는 회사다. 세련됨과 소속감, 그리고 유행에 관련된 스토리를. 퓨마는 이렇게 스토리를 들려주는 능력을 기반으로 모든 사업을 구축했다.

위 대 한   스 토 리 의   조 건

진정으로 위대한 스토리는 성공한다. 대다수의, 또는 중요한 소비자들의 상상력을 사로잡을 수 있기 때문이다.

위대한 스토리는 진실하다. 사실에 바탕을 두었기 때문에 진실한 것이 아니라, 일관되고 진정성이 있기 때문에 진실하다. 소비자들은 이야기의 모순을 찾아내는 데 선수여서 마케터가 사탕발림으로 하는 얘기에는 잘 넘어가지 않는다. 거대한 바구니 모양을 한 롱거버거(Longaberger)의 본사 건물은 이 회사가 자사의 제품에 얼마나 집착하는지―이 점이야말로 롱거버거가 지닌 스토리의 핵심이다―그대로 보여준다.

위대한 스토리는 약속을 담고 있다. 위대한 스토리는 재미나 돈, 안전, 지름길 같은 것들을 약속한다. 그러한 약속들은 그저 아주 좋은 정도에서 그치지 않고 독창적이며 대담하기까지 하다― 아주 특별하지 않다면 누가 귀를 기울이기나 하겠는가?

피시(Phish. 1984년 결성된 미국의 록밴드 – 옮긴이)는 팬들에게 완전히 새로운 콘서트 경험을 제공하겠노라고 약속했다. 라이브 뮤직을 통해 초자연적인 저녁 한때를 체험하도록 해주겠다는 그들의 약속은 라디오에서 흘러나오는 무미건조한 음악에 식상한 수백만의 청취자들을 공연장으로 끌어들였다. 피시는 약속을 했고, 그 약속을 지켰다.

위대한 스토리는 신뢰받는다. 신뢰는 우리에게 남은 자산 중 가장 희귀한 것이다. 사람들은 이제 그 누구도 믿지 않는다. 소비자들은 바(bar)에 앉아 보드카를 주문하는 미모의 여성조차 믿지 않는다. 주류 회사에서 돈을 받고 하는 일이라는 걸 알고 있기 때문이다. 또한 소비자들은 TV 광고에 나와 떠드는 자들을 믿지 않는다.

"룰라 렌스카가 도대체 누구야?"★

소비자들은 제약 회사도 신뢰하지 않는다.

"바이옥스? 그거 잘못 먹으면 죽는다구!"

이런 상황에서 마케터가 스토리 전달에 성공하려면 그게 통할 만한 신뢰부터 얻어놓지 않으면 안 된다.

위대한 스토리는 모호하다. 놀랍게도 마케터가 자세히 설명하지 않으면 않을수록 스토리는 더욱 강력해진다. 재능 있는 마케터라면 잠재 고객이 결국은 스스로에게 거짓말을 들려줄 거라는 사실을 잘 안다. 그러므로 고객 스스로 결론을 이끌어내도록 놔두는 것이 급소를 찌르는 결정적 문구를 날리는 것보다 훨씬 더 효과적이다.

위대한 스토리는 급속히 자리 잡는다. 위대한 스토리는 세상에 나오는 순간 고객을 사로잡는다. 첫인상은 우리가 생각하는 것 이상으로 강력한 힘을 지닌다. 위대한 스토리에는 여덟 쪽짜리 컬러 브로슈어나 일대일 상담 따위가 필요 없다. 위대한 스토리는 소비자의 세계관에 조화되는 목소리를 내므로 소비자의 기대와 곧바로 일치하게 된다. 당신이 프리우스(Prius. 도요타의 하이브리드 자동차 – 옮긴이)가 전하는 메시지를 들을 준비가 되어 있

★ 룰라 렌스카는 무명 시절에 "저 룰라 렌스카예요"라는 말로 시작하는 두발용품 광고에 나와 일약 스타가 된 배우다. 소비자들은 그가 광고에 나오자 '유명한 사람인가 보다' 생각했지만 후에 이것이 교묘한 마케팅 전략이라는 사실이 알려졌다. – 옮긴이

든, 그렇지 않든 간에.

위대한 스토리는 논리보다는 감각에 호소한다. '페로몬(같은 종 사이에 쓰이는, 의사 전달을 위한 화학 물질. 성적 반응에 관계되는 것으로 알려져 있다-옮긴이)'은 꾸며낸 이야기가 아니다. 사람들은 단지 냄새 하나로 상대가 맘에 드는지 안 드는지 결정하기도 한다. 알레시(Alessi) 찻주전자의 디자인은 물 끓이기에 관한 설명서로는 도저히 불가능한 방식으로 소비자에게 말을 건넨다.

위대한 스토리가 모든 이를 겨냥하는 경우는 드물다. 평균적인 사람들은 미케디를 무시하는 데 능하다. 평균적인 사람들은 너무나도 다양한 인생관을 지니고 있으며, 평균적인 사람들은 그냥저냥 만족하며 살아간다. 만약 당신이 모든 사람에게 호소하려고 당신의 스토리에 물을 탄다면, 결국 그 누구도 설득하지 못할 것이다. 리브스트롱(LiveStrong. 암 환자를 후원하는 랜스 암스트롱 재단이 나이키의 후원을 받아 판매하는 노란색 팔찌. 개당 1달러씩 재단에 기부된다-옮긴이) 자선 팔찌가 터뜨린 대박은 소규모 청중의 세계관에 부합한 동시에 그 소규모 청중이 스토리를 퍼뜨렸기 때문에 가능한 일이었다.

위대한 스토리에는 자기모순이 없다. 만일 당신의 레스토랑이 위치는 좋지만 메뉴가 적당치 못하다면, 당신은 실패할 것이다. 만일 당신의 화랑이 훌륭한 미술가들의 작품을 취급하면서 직원은 중고차 세일즈맨 출신을 쓴다면, 당신은 실패할 것이다. 만일 당신이 수목이 우거진 아름다운 땅에 화려하지만 천박해 보이는 집을 짓는다면, 당신은 실패할 것이다. 소비자들은 영리해서 당신의 눈가림을 단박에 꿰뚫어본다.

그리고 무엇보다도, 위대한 스토리는 우리의 세계관과 일치한다. 최상의 스토리는 사람들에게 새로운 무엇을 가르치지 않는다. 그 대신에 청중이 이미 믿고 있는 바와 일치하며, 청중으로 하여금 자신들이 애초부터 아주 타당한 생각을 하고 있었다는 사실을 상기시킴으로써 스스로 현명하다고 느끼며 안심하도록 만든다.

형편없는 스토리텔링 : 곤경에 빠진 텔레마케터

현재 시각 오후 5시 30분. 가스레인지 위에서 냄비 세 개가 끓고 있다. 20분 후면 저녁이 준비될 것이다. 전화벨이 울린다.

발신자 표시를 힐끗 보니 지역 번호가 낯설다. 번호 밑에 "AAA텔레서비스"라고 찍혀 있다. 나는 벌써 내 자신에게 하나의 스토리를 들려주고 있다.

내가 지금 스스로에게 들려주고 있는 거짓말은 그리 유쾌한 내용이 아니다. 누군가가 나의 시간을 빼앗고, 내 돈을 뜯어내며, 속임수를 쓰려 한다는 소심한 독백이니 말이다. 전화를 받기만 해도 그들의 가망 고객 명단에 오를지 모른다고 스스로에게 경고한다. 하지만, 그럼에도 한번 받아보기로 한다.

"여보세요."

내 상상은 1초도 안 돼 사실로 확인된다. 우선, 대기 중인 텔레마케터에게 나를 연결해 주는, 컴퓨터 자동 다이얼 시스템의 기계음이 들린다. 이어서 보일러실 소음과 같은 특유의 웅성거림이 들린다. 텔레마케터가 입을 열기도 전에 스토리에 대한 검토는 끝났다.

'나는 관심 없다.'

그래도 연구 차원에서, 끊지 않고 들어보기로 한다.

텔레마케터는 준비된 대본을 읽기 시작한다. 열 문장 정도를 쉬지도 않고 읽어나간다. 그리 잘 읽지도 못한다. 내용이 그의 어설픈 어조와 어울리지 않는다.

물론 내 마음은 오래전에 이미 떠났다. 하지만 내가 도저히 더는 견딜 수 없다고 생각한 것은 명백하고도 뻔한 거짓말을 늘어놓기 시작했기 때문이다.

"저희는 뉴욕 주 경찰서장 협의회와 함께 자선기금을 모금하고 있거든요……."

스팸 전화 거부 서비스가 시작되고 나서 불과 몇 주 만에 5천만 명 이상이 등록했다는 사실은 전혀 놀랄 만한 일이 아니다. 텔레마케터는 전할 스토리가 있는지 몰라도 우리 대부분은 그것을 듣고 싶어 하지 않는다.

훌륭한 스토리텔링 : 키엘 브랜드

지금으로부터 약 20년 전, 그러니까 온라인 쇼핑이 생기기 한참 전에, 보스턴에 사는 한 지인이 나더러 맨해튼에 가는 길에 키엘(Kiehl's Since 1851)이라는 생소한 이름의 잡화점에 좀 들러달라고 부탁했다. 거기 가면 자기 마음에 드는 특별한 스킨로션이 있다는 것이다. 언제나 남의 부탁 들어주길 좋아하는 나는 기꺼이 내 목적지에서 몇 블록 떨어진 그곳으로 향했다.

아무런 사전 지식 없이 키엘 매장에 들어서면서 나는, 320킬로미터나 가야 구할 수 있는 스킨로션을 굳이 고집하는 이유가 도대체 무엇인지 궁금해졌다. 그 자그마한 매장에서 처음 내 시선을 사로잡은 것은 듀카티(Ducati) 오토바이와 소형 곡예 비행기였다.

그걸 본 순간 내 직업적 호기심이 발동했다. 화장품과 아무런 관련이 없는 이 비싼 소품들을 인테리어에 사용한 이유가 뭘까? 매장의 다른 부분들도 흥미롭기는 마찬가지였다. 거친 목재를 간 마룻바닥은 적어도 100년은 돼 보였다. 직원들은 일반 잡화점 직원들보다 훨씬 더 훈련이 잘되어 있었다. 제품 라벨에는 해당 제품에 관한 정보가 깨알같이 적혀 있었고, 진열도 멋지게 되어 있었다.

그러한 모든 것이 전하는 메시지는 강하고도 명료했다.

여기 있는 모든 제품은 공산품이 아니라 독특한 한 개인의 작품입니다.

오직 개인만이 자신의 취미에 그렇게 많은 공간을 할애할 수 있다. 오직 개인만이 제조법이나 라벨에 대해 그렇게 까다롭게 굴며 모든 것을 철저하게, 제대로 만들고자 한다. 그저 그렇고 그런 경쟁자들로 꽉 찬 시장에서 이것이야 말로 훌륭한 정책이 아닐 수 없다― '진정으로 관심을 가진 사람이 만드는 순수한 화장품.'

매장은 그 밖에도 여러 가지 재밌는 정보로 부분 부분이 채워져 있었다. 동물 실험과 모터사이클 경주, 그리고 창업자와 고객들에 관한 상세한 설명까지. 가격은 좀 터무니없다고 생각될 정도였지만, 화장품 용기들은 상업적인 제품에서는 좀처럼 찾아보기 힘든 모양을 하고 있었다. 마치 수제품처럼 보였고, 그건 요즘도 마찬가지다. 그날 나는 친구가 부탁한 스킨로션보다도 내 면도 크림과 아내의 비누를 먼저 사고 말았다. 그들은 소규모 가족 사업답게 다른 제품의 샘플까지 공짜로 한 아름 안겨주었다.

나뿐 아니라 많은 사람들이 키엘에서 유사한 경험을 한 게 분명하다. 1851년에 창업한 키엘은 이제 '컬트 브랜드'로 통한다. 전 세계에 위치한 서비스 지향적인 단독 매장을 통해 키엘은 연간 수백만 달러의 매출과 높은 수익을 기록하고 있다. 그들의 스토리는 매우 강렬하게 우리를 사로잡는다. 또한 우리가 스스로에게 하는 거짓말을 믿기 쉽게 만든다. 그래서 사람들은 키엘이 이미 몇 년 전부터 거대 화장품 업체인 에스티 로더의 소유였다는 사실을 알게 되면 충격에 빠진다.

키엘이 과연 그렇게 비싼 돈을 주고 살 만한 화장품일까? 글쎄, 원가 대비 가격으로만 가치를 따진다면, 대답은 "그렇지 않다"이다. 하지만 키엘의 고객들이 이 화장품의 가치, 즉 구매하면서 경험하는 것들과 사용하면서 갖는 느낌을 기준으로 매긴다면, "그렇다"라고 대답할 수 있다.

모든 사람이 다 키엘을 좋아할까? 그렇지는 않다. 어떤 특정한 세계관을 지닌 사람들만이 키엘에 주목하며, 그중에서도 일부만이 키엘의 스토리에 빠져들어 스스로에게 거짓말을 한다. 이들은 키엘을 사랑하는 데서 그치지 않고 주위 사람들에게도 그 스토리를 퍼뜨린다. 화장품이란 모름지기 값싸고 쉽게 구할 수 있으며 많은 사람들이 사용하는 것이어야 한다고 믿는 사람들에게 키엘은 보이지 않는 존재다. 그러나 파격적이고 특이하며 매우 독창적인 것에 가치를 두는 사람이라면, 키엘의 스토리와 공명할 것이다.

아이로니컬하게도 키엘은 애초부터 독특한 스토리를 전달하는 것을 성공 전략으로 삼고 출발한 브랜드는 아니다. 이 브랜드는 인습타파적 성향을 지닌 한 개인의 작품이었으며, 운 좋게도 그가 전하는 스토리가 그곳을 찾는 손님들의 세계관에 부응했던 것이다. 다시 말해, 마케팅을 한 것은 키엘이 아니라 고객들이었다. 키엘은 스토리를 들려주었을 뿐이고, 고객들이 자신과 주위사람들에게 거짓말을 했다는 얘기다.

뜻하지 않은 마케터

누가 그라놀라(granola. 귀리 등 곡물에 꿀이나 시럽 등을 첨가한 아침식사용 시리얼 – 옮긴이)를 건강식품 반열에 올려놓았는가?

분명히 '미국 그라놀라 제조업 협회'는 아닐 것이다. 그건 내가 그저 한번 상상해 본 가상의 단체니까. 뿐더러 시리얼 브랜드인 퀘이커(Quaker)나 알펜(Alpen)도 아니다.

실상은 이렇다. 대부분의 그라놀라에는 설탕과 포화지방이 다량으로 함유되어 있다. 그러니 건강에 좋을 리가 있나. 그런데 소비자들은 그것을 건강에 좋으며, 히피적이고, 뉴웨이브적이며, 영양이 풍부하고, 자연회귀적인 간편식, 그래서 숲에 하이킹을 갈 때 가져가거나 스파에서 아침으로 먹을 만한 것으로 결정해버렸다.

당연하게도, 소비자들이 그렇게 스토리를 믿어버리자 유능한 마케터들은 그것을 놓치지 않고 재빠르게 이용하기 시작했다. 그들은 온갖 종류의 그라놀라 브랜드와 제품을 출시하고 광고 전략을 펼쳤다. 막대한 비용이 수반되는 마케팅을 전개한 것이다. 그러나 경영학에서 가르치는 전략이 시장을 휩쓸기 훨씬 이전에 그라놀라는 한 가지 사실을 확고히 정립했다. 즉, "**소비자들은 마케팅의 공모자**"라는 사실이다. 소비자들은 스토리를 믿고 싶어 한다. 사실 이러한 믿음이 없다면 마케팅도 있을 수 없다. 마케터가 제품 선전에 수억을 쏟아붓는다 해도 소비자들이 스토리를 믿어주기 위해 적극적으로 나서지 않으면 아무 일도 일어나지 않는다.

마 케 터 는 ,   사 실 ,   거 짓 말 쟁 이 가   아 니 다

내가 이 책의 제목을 지으면서 완전히 솔직했다고는 말할 수 없다. 마케터는 거짓말쟁이가 아니다. 그들은 단지 스토리텔러일 뿐이다. 거짓말쟁이는 소비자들이다. 소비자로서 우리는 일상적으로 거짓말을 한다. 우리는 입는 옷과 사는 곳, 선거, 그리고 업무 등에 대해 스스로에게 거짓말을 한다. **성공적인 마케터라는 것도 알고 보면 소비자들이 선택할 만한, 그리고 믿을 만한 스토리를 제공하는 사람일 뿐이다.**

이 책은 만족의 심리학에 관한 책이다. 나는 사람들이 자기 자신에게 스토리를 들려주고 그것을 실현하기 위해 노력한다고 믿는다. 또한 나는 소비자들이 믿는 스토리를 '거짓말'이라고 부른다. 내 생각에 사람들은 리마커블한 거짓말을 발견하면, 그리고 그것이 퍼져나가면 자신에게 이로울 것이라고 생각하면, 그 즉시로, 이기적이게도, 그 거짓말을 다른 사람들에게 전하며, 그 과정에서 좀 더 멋져 보이도록 윤색하기도 한다.

훌륭한 스토리는 그것이 마케터에게서 나온 것이든 고객 자신에게서 나온 것이든 간에 진정으로 고객을 만족시킨다. 그것은 성장과 수익의 원천이며 당신 회사의 미래이기도 하다. 결국, 연결이 이루어지고 스토리가 성공적으로 퍼져나가기만 한다면 누가 누구에게 거짓말을 하는가 따위는 중요한 문제가 아닐지도 모르겠다.

이 책은 마치 거짓말하기에 관한 책처럼 보인다

그러나, 역설적이게도, 이 책은, 당연하지만, 진실 말하기(그리고 진실하게 살기)에 관한 책이다. 당신의 스토리가 신뢰를 얻는 유일한 방법은, 그리고 사람들이 당신이 원하는 거짓말을 기꺼이 하게끔 만드는 유일한 방법은, 또한 당신의 아이디어가 퍼져나가게 하는 유일한 방법은 **진실을 말하는 것이다.** 그리고 진실을 말한다는 것은 당신의 삶과 일치하는 스토리를 말한다는 것이다. 즉, 중요한 건 진정성이다.

마케터들이 들려주는 최고의 스토리는 결국 진실이라고 판명이 난다. 나이키의 제품 개발회의에 가보라. 아니면 블루노트(Blue Note. 미국의 음반 회사 – 옮긴이)에서 녹음하는 것을 구경하거나 팻 로버트슨(Pat Robertson. 목사이자 보수파 정치언론인 – 옮긴이)과 잠깐만이라도 함께 지내보라. 이 위대한 마케터들 중 누구도, 둘러앉아 대중을 속일 계획이나 짜지는 않는다. 대신 이들은 자신들의 스토리를 살아 숨쉬는 것으로 만들기 위해 애쓰고 있다. 이들은 대중에게 거짓말을 할 뿐 아니라 스스로에게도 거짓말을 한다.

진정으로 통하는 방법은 당신의 스토리에 완전히 헌신하고 그것을 껴

안는 것이다.

여 기 서 잠 깐 — 당 신 의 힘 을 인 식 하 라 !

나는 마케팅이 변화를 일으키려는 사람들이 이용할 수 있는 가장 강력한 수단이라고 믿는다. 그러나 거기에는 반드시 책임이 따른다. 스토리를 전달할 능력이 있는 사람이라면 누구나(그것이 온라인상이든, 지면을 통해서든, 아니면 주위 사람에게 직접 말하는 것이든 간에) 역사상 그 어느 사건보다도 극적으로 상황을 바꿀 수 있는 능력을 지녔다고 할 수 있다. 또한 마케터들은 과거 그 어느 때보다 적은 시간과 비용을 가지고도 엄청난 효과를 거둘 수 있는 수단을 가졌다.

소비자와 유권자, 심지어 온 국민이 이러한 스토리 전달하기의 공모자라는 사실에는 의심의 여지가 없다. 그 어떤 마케터도 적극적으로 움직이지 않는 사람에게 무언가를 강요할 수는 없는 일이다. 그러나 소비자들이 공모자라고 해서, 스토리를 퍼뜨림으로써 얻게 되는 가공할 위력에 따르는 마케터의 책임이 면제되는 것은 아니다.

당신은 스스로에게 이런 질문을 던져봐야 한다.

"나는 그 가공할 만한 힘으로 무엇을 할 것인가?"

당신이 마케팅을 알아?

All Marketers Are Liars

마 케 팅 이   중 요 할 까 ?

'마케팅'이라고 했을 때, 당신의 머릿속에는 무엇이 떠오르는
가? 위스크(Wisk. 유니레버의 세제 이름으로 1987년 23개 도시를 순회하는
불꽃놀이 행사를 벌이면서 신제품 판촉과 PR를 동시에 진행함으로써 이 제품
을 시장에서 선도적인 상표로 자리매김했다. MPR, 즉 마케팅과 PR를 결합한 형
태의 성공 사례로 꼽힌다 - 옮긴이)? 슈퍼볼 중계에 끼어드는 광고들?
성가시긴 하지만 우리를 곧잘 현혹시키는 선전 문구? 아니면
중고차 세일즈맨의 얼굴이 갑자기 생각나는가? 그도 아니라면

지겹도록 끊임없이 쏟아지는 스팸 메일이나 눈치 없는 텔레마케터들?

이제 마케팅은 나이 든 여자가 TV 광고에 나와 "고기는 대체 어디 있는 거야?"("Where's the beef!". 1984년에 방영된 웬디스의 햄버거 광고에서 웬디스 매장 직원이 경쟁사의 햄버거를 들고 이같이 소리친 것을 말함. 광고는 크게 히트했고, 이후로 이 문장은 '부실함'을 뜻하는 말로 자주 인용되었다 – 옮긴이)라고 소리치는 차원을 넘어섰다. 그런 것들은 부차적인 전술에 불과하다.

마케팅이란 아이디어를 퍼뜨리는 것이다. 그리고 '아이디어 퍼뜨리기'는 이 문명사회가 낳은 가장 중요한 산물이다. 잘못된 마케팅 때문에 수십만 명의 수단 사람들이 목숨을 잃은 적도 있다. 어떤 마케팅을 선택하느냐에 따라 하나의 종교가 번성하기도 하고 사라져버리기도 한다. 또한 아이들을 교육하고, 회사를 세우고, 직장을 구하거나 쫓겨나고……, 이 모든 일들이 우리가 아이디어 퍼뜨리기에 대해 알고 있거나 혹은 모르기 때문에 발생한다.

마케팅이야말로 이런 일들의 핵심이라고 말함으로써, 내가 이 중요한 일들을 폄하하고 있는 것일까? 나는 그렇지 않다고 생각한다. 나는 광고와 과대선전이야말로 마케팅의 위상을 추락시켰다고 본다(하지만 여기서 내가 말하는 마케팅의 정의는 매우 광범위한 것이다). 이것은 한번쯤 꼭 짚고 넘어가야 할 중요한 문제다.

우물에 빠진 어린아이나 이베이(eBay)의 괴상한 경매에 미디어나 대중의 이목을 집중시키기는 쉽다. 어떤 아이디어는 광범

위하게 퍼져나가 엄청난 파급효과를 가져오는가 하면, 어떤 아이디어는 그보다 훨씬 중요하고 시급한 것임에도 불구하고 그냥 사라져버리기도 한다. 만일 마케터들이 진짜로 시급한 문제들, 예를 들어 약을 제대로 복용하는 문제라든지 국제 분쟁을 해결하는 문제 등에 관해 좀 더 좋은 스토리를 생각해 낼 수 있다면 우리 모두에게 이득이 될 것이다.

만일 당신이 당신 회사나 소속 비영리단체, 교회, 또는 우리가 사는 지구에 대해 관심이 있다면 마케팅은 중요한 문제다. 만일 당신이 퍼져나갈 만한 아이디어를 갖고 있다면, 당신은 이미 마케터라고 할 수 있기 때문에 마케팅은 중요한 문제다.

중요한 사실 하나. 2003년에 제약 회사들은 연구 및 개발보다 마케팅과 세일즈에 더 많은 돈을 쏟아부었다. 투자할 시기가 왔을 때, 그들은 약품에 관련된 아이디어를 퍼뜨리는 것이 약을 개발해 내는 것보다 훨씬 중요하다는 사실을 깨달았기 때문이다.

황금기 이전, 황금기, 그리고 그 이후

TV의 황금기가 오기 전까지는 마케팅이 그다지 중요하지 않았다. 기업에서 생필품, 즉 사람들에게 꼭 필요한 것을 만들었기 때문이다. 만일 당신이 그 시절에 사람들에게 꼭 필요한 물건을 만들어 적당한 가격에 잘 유통시켰다면 그럭저럭 사업을 꾸려나갈 수 있었을 것이다.

농부들은 옥수수 마케팅 방법에 대해 그다지 고민하지 않았다. 대장장이들은 싼값에 편자만 만들어낼 수 있다면 아무 걱정 없을 거라고 생각했다. 마을의 이발사들은 그저 머리만 잘 자르면 되었다. 사람들은 필요한 물건을 샀고, 기술을 가진 사람들은 고객들의 요구를 충족시켜 줌으로써 돈을 버는 게 당연했다.

TV의 황금기에는 돈만 있으면 TV와 잡지 광고를 엄청나게 쏟아부어 소비자들에게 당신의 상품에 관한 스토리를 들려줄 수 있었다. 문제는 모든 소비자들에게 한꺼번에 마케팅을 해야 한다는 점이었다. 채널은 겨우 세 개밖에 없는데.

당신에게 주어진 시간은 단 60초. 잘해내면 수요를 불러일으킬 수 있겠지. 필요를 충족시켜 주는 것이 아니라 욕구를 불러일으켜야 한다.

"퐁당, 퐁당, 뽀글, 뽀글, 아~ 살 것 같아!"[*]
"와이셔츠 깃의 검은 때에!"
"빠져들어요~."

TV는 기적이었다. 돈 많은 회사들은 TV 덕분에 쉽게 돈을 벌 수 있었다. 고객들은 토니(켈로그 사의 마스코트 – 옮긴이) 캐릭터

[*] 두통 및 제산제 알카 셀처 광고. 두 개의 알약을 한 컵의 물에 넣어 녹여 마시는 이 약은 물에 넣으면 십시간에 기포가 올라왔다. 이 모습을 마치 한 잔의 칵테일처럼 묘사한 TV 광고로 한 때 전성기를 구가했다 – 옮긴이

가 나오는 광고를 보고는 비싼 켈로그 시리얼을 기꺼이 샀고, 1954년형 시보레를 보려고 구름같이 몰려들었다.

매출을 올리기 위해 해야 할 일은 수요를 창출할 만한 광고를 제작하는 것뿐이었다. 제품을 만드는 것은 나중 일이었다. 기업들은 재빨리 눈을 돌려 자신들이 소위 마케팅이라고 생각하는 것, 즉 더 많은 물건을 팔기 위해 광고를 이용하는 일에 애정을 쏟게 되었다.

마케터들은 대박을 터뜨렸다. 평범한 제품들이 광고 덕에 비싼 값에 팔려나갔다. 각종 산업이 탄생하고, 광고 덕에 수요가 창출된 물건을 판매할 새로운 형태의 상점들(슈퍼마켓)이 생겨났다.

가히 매스 마켓의 시대였다. 모든 소비자들이 평등하며, 누구나 제품을 생산하고 누구나 그것을 살 수 있는 세상……. 물론 최고의 브랜드는 스토리까지 가지고 있었지만, 그렇지 않다 해도 적당히 광고만 하면 팔려나갔다.

그러다가 어느 순간 이 모든 것이 무너지기 시작했다.

TV 광고가 마케터들의 만능 해결사였던 시절은 끝나버렸다. 그리고 소비자들은 자신이 광고를 믿지도 않고, 보거나 듣지도 않게 되었다는 사실을 깨달았다. 다시 말해 스토리를 들을 수 있는 길이 많아졌고, 광고는 효력을 잃게 된 것이다. 하지만 그와 동시에, 이제 마케팅은 그 어느 때보다도 강력한 힘을 갖게 되었다. 보다 큰 영향력을 가진 새로운 기술들이 등장했기 때문이다. **마케팅은 진화했다.**

사업이 목표만큼 잘되어 주지 않는다면, 그것은 아마도 당신이 아직도 TV의 황금기에 산다는 착각 속에 빠져 있기 때문일 것이다. 꿈 깨라. 지난 세기, 마케터들은 스토리를 전달하기 위해 TV 광고에 매달렸고, 그 결과 아이디어를 퍼뜨릴 수 있는 좀더 효과적인 방법들을 다 잊고 말았다.

TV의 황금기가 끝나자 마케팅의 암흑기가 찾아왔고, 산업은 탈바꿈하기 시작했다. 이 책은 새로운 종류의 마케팅에 관한 책이다. 광고 퍼붓기가 아닌, 스토리 들려주기에 관한.

마케팅이란 마케터가 소비자에게 스토리를 들려주는 일이다. 만일 마케터가 이를 훌륭히 해낸다면 소비자들은 마케터가 들려준 스토리를 가지고 자기 자신과 친구들에게 거짓말을 하게 될 것이다. 이제 스토리는 텔레비전 광고나 스팸 메일의 전유물이 아니다. 이 세상 그 어디나 존재한다.

어떤 마케터들은 제품을 설명하는 데만 급급한 나머지 스토리 들려주기는 까맣게 잊어버리곤 한다. 그러고는 왜 자신이 실패했는지 의아해한다. 나는 작년 한 해 내내, 왜 어떤 것들은 널리 퍼져나가는 반면 다른 것들은 그렇지 않은지에 대해 골몰했다. 왜 어떤 회사들은 그토록 좋은 조건에서 출발했음에도 비틀거리고, 또 어떤 회사들은 계속해서 조금씩 위상과 이윤을 높여가는 걸까?

이제 마케터들이 스토리를 전달하기 위한 수단으로서 광고는 통하지 않는다. 대신 그들은 스토리를 자신들의 삶 자체와 일치시켜야 한다.

그렇다. **마케팅은 중요하다.** 얼마나 중요한가 하면, 마케터가 그것을 올바로 수행할 의무를 지녔을 정도다. 오늘날 마케팅은 과거 그 어느 때보다도 강력해졌다. 마케팅이 매일매일 세상을 변화시킨다고 해도 과언이 아니다. 이제 우리는 어떻게 하면 이것을 제대로 할 수 있을지 고민해야 한다.

비밀을 알고 나면 모든 것이 달라 보인다

뉴욕의 그리니치빌리지에 러키 쳉(Lucky Cheng's)라는 유명한 클럽이 있다. 그곳은 언제나 떠들고 마시며 슬겁게 노는 사람들로 홍청거린다. 사람들은 처음에는 이곳에서 별달리 특이한 점을 찾아내지 못한다. 하긴, 웨이트리스들이 멋지게 차려입고 요염한 자태로 무척 열심히 일하기는 한다. 뭐, 그 정도다.

그러나 결국 그 웨이트리스들이 실은 남자라는 사실을 알아차리게 되고, 바로 그 순간 모든 것이 달라진다. 클럽이 아니다. 술도 아니고, 거기 모인 손님들도 아니다. 변한 것은 이 클럽을 바라보는 당신의 시선이다. 당신이 그 속에 숨겨진 비밀, 그들만의 방법을 알아차렸기 때문이다.

사실, 마케팅에는 한 가지 비밀이 있다. 이제 그 비밀을 당신에게 공개할 생각이다. 일단 그걸 알게 되면 세상의 모든 성공적인 회사들이 전과는 좀 다르게 보일 것이다. 당신은(어쩌면 생전 처음으로) 눈에 보이는 현실과 우리가 스스로에게 하는 거짓말 사이에는 아무런 관련이 없음을 깨닫게 될 것이다. 여기, 이곳에 실재하는 것과 우리가 믿는 것 사이에는 아무런 관련도 없다. 그것이 병원 침대든, 수프든, 아니면 컴퓨터나 사람들, 자동차, 그 어떤 것이든 간에.

> **주의!** 여기서 나는 '회사'라고 표현했지만, 그 대신 교회나 비영리단체, 선거운동 본부, 학교운영위원회, 노동조합 등 당신과 관련 있는 그 어떤 것을 대신 집어넣어도 마찬가지다. 우리는 누구나 날마다 스토리를 이야기하며, 이 책은 역시 여러분의 스토리에 관한 것이다.

마 케 팅 은 어 떻 게 성 공 하 는 가

마케팅은 대부분 실패한다. 나는 통하는 마케팅이란 어떤 것인가를 당신에게 보여주고 싶다. 다음은 성공적인 마케팅이 거치는 단계다. 앞으로 이 책은 이 내용들을 중심으로 전개될 것이다.

Step 1 : 그들의 세계관은 당신이 마케팅을 시도하기 전에 이미 형성되었다

소비자의 세계관은 그들이 사물을 인식하고 이해하는 방식에 영향을 미친다. 만일 스토리가 그들의 세계관과 일치하도록 짜여 있다면 그 스토리를 믿게 될 가능성이 높다.

Step 2 : 사람들은 오직 새로운 것에만 주목하고 궁금해한다

소비자는 변화가 있어야만 주목하게 된다.

Step 3 : 스토리는 첫인상에서 시작된다

첫인상은 소비자로 하여금, 자신이 보고 들은 것에 대하여 매우 신속하면서도 영구적인 판단을 내리게 한다.

Step 4 : 위대한 마케터들은 믿을 만한 스토리를 들려준다

마케터가 소비자들이 주목할 만한 스토리를 들려주기 시작한다. 스토리는 소비자가 상품과 서비스를 경험하는 방식을 변화시키고, 소비자는 스스로에게 거짓말을 한다.

소비자는 앞으로 어떤 일이 일어날지 예측해 본다.

자신의 예측에 어긋나는 일이 발생하면 그것을 합리화한다.

Step 5 : 믿음을 주는 마케터가 성공한다

진정성은 스토리가 오랫동안 살아남아 소비자가 다른 사람들에게 퍼뜨리도록 만드는 데 가장 중요한 열쇠다.

마케팅은 놀랄 정도로 강력해서 때로는 그것을 경험하는 사람의 세계관마저 변화시키기도 한다. 그러나 이미 그 스토리를 믿고자 하는 마음의 준비가 되어 있는 청중을 찾아내지 못한다면 그 어떤 마케팅도 성공할 수 없다.

주도권을 쥔 사람은 당신이 아니다 -
사람들은 당신의 얘기를 듣지 못한다

마케터들이 공통적으로 갖는 가장 큰 미신은 다음과 같은 것이다.

"내게는 돈이 있다. 그것은 곧 모든 것이 내게 달려 있다는 의미다. 사람들과의 대화나 방송 전파, 군중의 이목, 그리고 소매상, 이 모든 것을 내가 좌지우지한다."

마케터들이여, 주도권을 쥐고 있는 사람은 당신이 아니다.

사람들의 이목도, 대화도, 심지어 당신 자신이 전달하는 스토리까지도 당신 뜻대로 되는 것은 아무것도 없다. 그 어떤 마케터라도 이런 사실을 깨닫지 못한다면 마케팅은 그것이 가진 잠재력의 근처에도 가지 못할 것이다.

할 말은 많은데 시간은 없다. 혁신적이다, 친환경적이다, 건강에도 좋다, 협동조합이 생산했다, 저칼로리 저탄수화물이다, 유명인사가 보증했다, TV에서 방영됐다 등등……. 신제품 출시에 관한 의미 없는 통계와 언론 매체들의 소음을 너무 많이 들은 나머지, 이제 당신은 그것들이 아무 도움도 안 된다는 사실을 깜박 잊어버린 것이다.

선택의 여지가 너무도 많을 뿐만 아니라 제품과 서비스가 갈수록 복잡해지기 때문에 마케터들이 할 일도 엄청나게 늘었다. 아아, 그 많은 걸 할 시간이 어디 있단 말인가! 마케터들은 신상품이 왜 그렇게 유달리 비싼지, 왜 새 모델이 혁신적인지, 그리고 왜 지금 사용하고 있는 걸 내다 버려야 하는지까지 소비자들에게 가르쳐야 한다.

소비자들이 당신의 소리를 듣는 것을 막고, 당신이 소비자의 주목을 독차지하는 것을 방해하는 경쟁자가 점차 많아지고 있다. 또한 매체는 계속 늘어나 당신이 많은 대중에게 동시에 스토리를 전달하는 것을 어렵게 만든다.

그 결과, 선택권은 소비자에게 넘어가버렸다. 모든 사람들이 모든 걸 다 듣던 시대는 막을 내린 것이다.

어떤 이들은 메시지의 일부분만을 듣고서 당신의 제품에 대해 단정해 버린다. 또 어떤 이들은 당신의 메시지는 무시한 채 상표가 주는 느낌만으로 판단해 버린다. 이도 저도 아닌 또 다른 사람들은 그저 가격표만 들여다본다.

설사 잠재 고객을 구매로 이끌 수 있는 마법 같은 문구를 찾아냈다 할지라도 그것을 사용하기는 힘들다. 도대체 어떤 소비자가 어떤 메시지를 듣게 될지 알 수 없기 때문이다. 모든 것이 희미하고, 모호하다.

주도권을 쥔 사람은 당신이 아니다 – 당신은 대화를 통제할 수 없다

대부분의 메시지는 마케터들에게서 나오는 게 아니다.

그렇다. 시장을 당신 뜻대로 움직일 수 있다는 생각은 미신에 불과하다. 존 케리(John Kerry)가 대중에 대한 자신의 이미지를 조작한다는 것이나 델(Dell. 미국의 컴퓨터 제조업체)과 올스테이트(Allstate. 미국의 손해보험회사), 미니(Mini. BMW가 생산하는 소형차 브랜드), 메이택(Maytag. 미국의 가전업체) 등의 회사가 최종 소비자들의 인식을 어느 정도 좌지우지하고 있다는 얘기 역시 사실이 아니다.

기업 간 비즈니스(business to business) 마케팅 세계에서(그리고 의학계에서) 이런 사실은 더욱더 자명하다. 사람들이란 합리적이고 정보에 밝은 존재라고 믿고 싶지만 실제로는 전혀 그렇지 못하다.

잭 트라우트(Jack Trout)와 알 리스(Al Ries)의 『포지셔닝(Positioning)』은 지금까지 출간된 가장 중요한 마케팅 서적 가운데 하나다. 이 책은 마케팅 이론의 위대한 출발점을 이루었다. 그러나 단지 출발점이었을 뿐이다. 대부분의 사람들이 행하는 포지셔닝은 일차원적이다. "그들은 값싸고 우리는 비싸다. 그들은 빠르고 우리는 느리다……." 등등.

그 책의 저자들은 당신이 제품의 포지션을 선택하면 소비자들이 그걸 그대로 받아들일 것이라고 말한다. 그러나 그건 저 먼 옛날, 그러니까 광고가 당신이 원하는 스토리를 정확하게 전달할 수 있었던 시절에나 통하던 방식이다.

물론, 당신은 분명 포지션을 선택해야 한다(또는 당신에게 맞는 포지션이 결정되어야 한다). 한데 저런! 당신은 메시지를 통제할 수 없다. 더구나 일차원적 메시지로는 어림도 없다. 제품이나 서비스, 또는 정치인들에 관한 정보의 대부분은 현존하는 '유료'

마케팅 채널의 바깥쪽에서 돌아다닌다. 달갑진 않겠지만, 사실은 사실이다.

스토리 세계의 포지셔닝은 더 장기적이고 섬세하며, 더 복잡한 프로세스다. 그것은 삼차원적이며 영원히 지속된다.

주도권을 쥔 사람은 당신이 아니다 - 안정이란 없다!

모든 메시지는 시장을 변화시킨다.

진화생물학의 주장처럼 이 게임노 끊임없이 변화를 겪는다. 소위 '붉은 여왕의 저주(curse of the Red Queen)'라고 불리는 진화론적 역설에 따르면, 어제 유효했던 것들도 오늘은 유효하지 않게 되는 것이다. 앨리스가 거울나라에서 체스 게임을 하게 되었을 때, 붉은 여왕은 자신이 한 번 움직일 때마다 게임의 규칙을 바꿔버린다. 우리의 이상한 마케팅 나라에서도 같은 일이 벌어진다. 누군가가 변화를 일으키면 업계의 모든 양상이 단번에 달라져버리는 것이다.

마케팅이 비이성적이고 일관되지 못하며 줏대가 없다고 느껴지는 것도 바로 이런 이유 때문이다. 여타의 비즈니스에서와는 달리, 경쟁자들(당신을 포함해서)의 행위가 미래의 규칙을 변화시켜 버린다. 그 결과, 마케팅이 안전하지는 않지만, 흥미진진하다.

결과 만들어내기 :
새로운 '결과 산출 곡선(power curve)'

만약 당신이 동료들에게, "당신이 가장 능숙하고 생산적으로 할 수 있는 일이 무어냐'고 묻는다면 대답은 거기서 거기일 것이 뻔하다. 아마도 물리적인 결과물을 내놓는 것에 대해서만 이야기하리라. 철판 구부리기, 서류 작성하기, 계산표 만들기 등등. 관리자라면 아마도 날마다 자신의 책상 위를 거쳐 가는 그 긴박한 위기들에 얼마나 잘 대처하고 있는지 늘어놓을 것이다. 이력서를 보면 이것은 더욱더 확실해진다. 조직 구조라는 것은 무엇을 완성하기 위해서 만들어진 것이어서, 현명한 구직자들은 자신의 이력서에서 이런 부분들을 특별히 강조하는 것이다. 어찌 보면 당연한 일이라고 할 수 있다.

예전의 결과 산출 곡선은 이런 모습이었다.

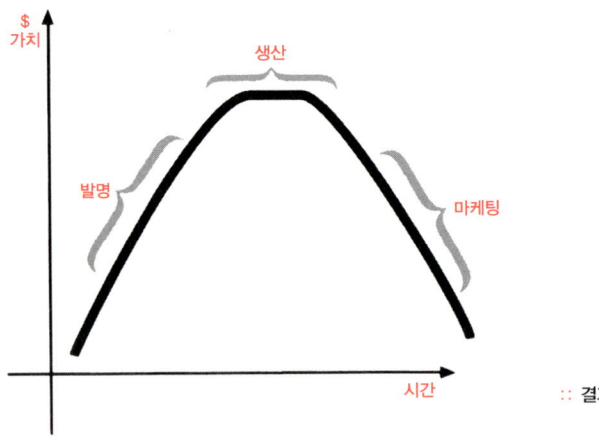

:: 결과 산출 곡선

영양가 있는 것들은 모두 중간 부분에 몰려 있다. 곡선의 중앙이 가치가 가장 높은 까닭은 그곳이 이윤이 발생하는 곳이기 때문이다. 효율성 있는 공장을 운영하면서 품질이 좋은 제품을 생산하고 납품 기일을 맞춘다면 나머지는 광고가 모두 알아서 처리해 줄 것이다. '값싸고 좋은 물건을 만든다'—이것이 모토였다.

공장의 현장 감독과 품질 관리 책임자야말로 당시의 숨은 영웅들이었다. 물론 여기에 훌륭한 고안까지 가세한다면 큰 보탬이 되겠지만, 그런 것은 베껴도 그만이었다. 강력한 브랜드가 있다면 그것도 멋진 일일 테지만, 시간이 지나면 좀 더 강력한 다른 브랜드들이 당신의 자리를 파고든다.

그렇기 때문에 이력서 또한 그런 식으로 작성되어 왔던 것이다. 그리고 우리가 학교에서 그런 식으로 교육을 받았던 것이다. 예전의 결과 산출 곡선은 무언가 결과물을 내놓는 사람들을 칭송했기 때문에.

반면 새로운 결과 산출 곡선의 모습은 다음과 같다.

생산과 서비스의 라이프 사이클이 과거에 비해 현격하게 짧아졌기 때문에 초기 아이디어와 그것이 가진 스토리의 중요성이 엄청나게 강조되고 있다. 이제 새로운 종류의 일용품을 고안해 내고 그것을 싼값에 생산함으로써 성장과 번영을 이룰 수 있는 기업은 거의 없다. 그보다는 리마커블한 제품을 경쟁자가 생기기 전에 시장에 내놓는 것이 더 쉽게 이익을 발생시키는 길이다.

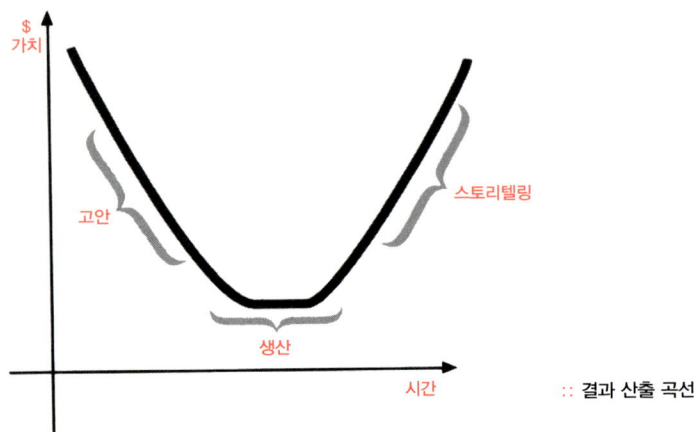

:: 결과 산출 곡선

나는 이 곡선을 내 친구 엘리자베스의 이름을 따서 '탈러만 곡선(Talerman Curve)'이라고 부른다. 그녀는 여러 종류의 독창적인 T셔츠와 세련된 그릇을 만들어 큰 수익을 올리고 있는데, 두 상품이 그녀를 성공으로 이끈 비결은 아웃소싱한 제품의 생산 기술에 있는 게 아니라 그 독창적인 아이디어와 스토리텔링에 있다.

실제 제조 공정은 아웃소싱하기가 쉬워졌기 때문에 이제는 결코 공장의 현장감독이 당신의 가장 중요한 자산이 아니다. 사우스웨스트 항공사의 성패가 조종사에게 달려 있지는 않다는 얘기다. 오늘날 조종사를 구하거나 고용하는 것은 어렵지 않다. 베어링이나 티셔츠, 생수 등을 만드는 일 역시 마찬가지다. '만드는' 일은 이제 어려운 일이 아니다.

포드(Ford)는 재규어를 만들고, 앤호이저 부시(Anheuser-Busch. 미국 최대의 맥주 제조 회사)는 기린 맥주를 생산하며, 베트남의 이름

없는 공장이 나이키 신발을 만든다. 생산은 어렵거나, 특별하거나, 차별화할 수 있는 무언가가 아니다.

그보다는 가치 곡선의 맨 나중 부분, 즉 당신이 자신의 스토리를 이야기하고, 당신이 말한 바를 진정으로 실천에 옮기는 바로 그 부분이야말로 오늘날 지렛대가 위치하는 부분이다. 가치 곡선의 오른쪽 부분, 즉 사람들이 필요로 할지도, 또 그렇지 않을지도 모르는 것들을 그들이 간절히 원하는 것으로 변화시키는 그곳이야말로 돈이 있는 곳이다.

오늘날 대부분 기업의 성공과 실패를 결정짓는 요소는 단 두 가지다.

1. 사람들이 이야기할 만한 것을 만들어내기.
2. 당신의 제품에 대한 스토리 전달하기.

"훌륭한 스토리를 만들어내라"—이것이 새로운 모토다. 그리고 대단히 시급한 문제다.

기업들은 한동안 혁신을 거듭해 왔고, 이제는 아웃소싱과 컴퓨터, 제조 기술 향상 덕에 제품을 생산하고 수송하고 보관하는 일은 그 어느 때보다도 쉬워졌다. 제품의 품질과 내구성을 보장하는 것 또한 용이해졌다. 어려운, 정말로 어려운 부분은 만들어내어 스토리를 전할 만한 가치가 있는 것이 무엇인지를 알아내는 것이다.

(잠깐, 제조 자체가 중요하지 않다는 의미가 아니다. 당연히 중요하다. 그리

고 당신이 앞으로 이야기해야 할 스토리에서 빠질 수 없는 부분이다. 다만, 그것이 어려운 일이 아니며, 제조를 잘하는 것만 가지고는 만족할 수 없다는 얘기다.)

제품과 서비스를 판매하는 대부분의 사업가들이 이윤을 남기기 위해 발버둥 쳐야 하는 이유는 자신을 하찮은 일용품 판매업자로 취급하기 때문이다. 곡선의 중심 부분, 즉 평범한 제품을 싼값에 좀 더 잘 만드는 일에만 집중한 결과 곤경에 빠지게 되는 것이다. 반면 성공한 사업가들은 훌륭한 스토리를 지닌 리마커블한 제품을 만들어내는 것이, 누구나 하는 일을 조금 더 잘하는 것보다 더 중요하고 더 수익성 높다는 사실을 눈치 챈 자들이다.

당신의 이력서는 당신이 채용 기준에 얼마나 잘 부합하는가가 아니라, 리마커블한 제품과 스토리를 만들어낸 경력으로 채워져야 한다. 내일도 여전히 살아남을 기업은 매일같이 벌어지는 각종 긴급 상황에 대처하는 데만 시간을 온통 쏟아붓지 않는 기업이다. 앞으로 새로운 형태의 마케팅이 승자와 패자를 가려낼 것이다.

당신은 도전할 곳은 여기다. 그리고 그 비결을 알아내는 자가 승리를 거둘 것이다.

Step 1

**그들의 세계관은
당신이 마케팅을 시도하기 전에
이미 형성되었다**

All Marketers Are Liars

사 람 들 이 원 하 는 것 은 다 똑 같 다 ?

우리는 누구나 안전하고 건강하며 성공적이고 사랑받고 존경받으며 행복하고 조화로운 삶을 원한다. 우리는 누구나 원하는 건 무엇이든 살 수 있을 만큼 충분한 돈을 원한다. 우리는 누구나 친구와 재미, 그리고 그것을 즐길 수 있는 깨끗한 환경을 원한다.

그렇다면, 모두가 이렇게 똑같은 것을 원하는데 어째서 우리는 그토록 서로 다른 길을 선택하는 것일까? 어째서 모두가 혼

다를 몰거나, 공장에서 똑같은 기계를 사용하지 않는 것일까? 왜 우리는 같은 종교를 갖고 같은 옷을 입지 않는가? 어째서 평균적인 웨딩드레스 값은 799달러인데 어떤 여성들은 그보다 열 배, 스무 배나 비싼 드레스를 입고, 또 다른 여성들은 무료로 빌려 입는 것일까?

마케팅 이론의 가장 큰 결함은 그것이 다양성을 설명할 수 없다는 것이다. 어떤 마케터도 새로운 광고가 먹힐지, 신제품이 성공을 거둘지 미리 점칠 수는 없다. 이런 상황에서는 모든 것이 도박처럼 느껴진다.

이와 같은 다양성에 대한 해답은 바로 각각의 소비자들이 지닌 세계관에 있다. 사실, 알고 보면 **우리는 다 같은 것을 원하는 게 아니다!** 각 개인은 서로 다른 일련의 성향과 가치관과 가설을 지니고 있으며, 그들의 세계관은 부모나 학교, 사는 곳, 각자의 경험 등의 영향을 받는다. 그리고 그러한 세계관은 그들이 당신의 스토리를 믿을 것인가 말 것인가 결정하는데 사용하는 렌즈다. 나의 멋진 친구 레드 맥스웰(Red Maxwell)이 말했듯, "렌즈는 사물을 왜곡한다." 당신의 소비자들이 사용하는 렌즈는 당신이나 당신의 동료들, 혹은 다른 소비자들이 보는 것과는 다른 버전의 현실을 그들에게 보여준다.

세계관, 프레임, 그리고 전략

내가 말하는 **세계관**이란, 개개의 소비자가 어떤 상황에 처했을 때 적용하는 원칙과 가치관, 신념, 성향 등을 가리킨다.

만일 제이슨이라는 남자가 중고차 세일즈맨에게 차를 샀다가 낭패를 본 적이 있다면, 4년 후 어떤 자동차 판매점을 방문했을 때 그의 세계관은 4년 동안 같은 곳에서 세 번이나 자동차를 구입한 사람의 세계관과는 다를 것이다.

만일 레베카가 대기업 구매 담당자인 자신의 직무를 리스크를 최대한 피하는 것이라고 생각한다면, 혁신과 새로운 대안으로 비용을 절감하는 것이 자신의 일이라고 생각하는 사람과는 전혀 다른 시선으로 자기 부서의 신입 영업사원을 바라볼 것이다.

세상에는 다양한 사람들이 있고 그들의 세계관 또한 다양하다. 같은 자료를 읽고도 완전히 다른 결정을 내릴 수 있는 것이다.

프레임(frame. 생각의 틀)이란 스토리의 한 요소로서 소비자들이 이미 갖고 있는 세계관을 더욱 강화하기 위한 묘사를 말한다. 이 용어는 언어학자 조지 레이코프(George Lakoff)가 정치적 화법에 관한 글에서 사용하면서 널리 알려졌지만, 마케팅에도 동일하게 적용할 수 있다.

크리스피 크림(Krispy Kreme)은 '핫 도넛(Hot donuts)'이라는 문구를 통해 프레임을 만들었다. 'hot'은 신선하고 감각적인 동시에 퇴폐적이라는 의미를 담고 있다. 이것을 사람들이 도넛에 대해 가진 느낌과 결부시킴으로써, 그들은 기존의 세계관을 더욱더 강화한 것이다(도넛=감각적=뜨거움=사랑). 이런 공식이 누구에게나 통하는 것은 아니지만, 적어도 이런 세계관이 변화하기(도넛=탄수화물=비만) 전까지는 큰 성공을 거두었다(현재 크리스피 크림은 적자로 돌아섰고 지점 수도 감소하고 있으며 정부가 조사에 착수한 상태다—이것은 세계관의 변화 때문이다).

프레임은, 다른 말로 설명하면, 소비자들이 현재 갖고 있는 세계관에 스토리를 연결시키는 한 방법이다.

어떤 가구점이 점포정리를 하면서 거리의 곳곳에 그 사실을 알리는 현수막을 내건다면, 그들은 가구에 대해서 이야기하고 있는 게 아니다. 그들은 구두쇠 남편을 일으켜 세워 함께 가구 쇼핑을 가도록 만들 구실이 필요한 사람들을 위해 스토리의 프레임을 짜주고 있는 것이다. 이 프레임은 어떤 사람들에게는 통하지만, 골동품 박람회를 찾아 300킬로미터도 멀다 않고 달려가는 사람이나 마사 스튜어트(Martha Stewart)가 권하는 대로 수시로 집을 꾸미는 사람들에게는 통하지 않는다. 서로 다른 세계관에는 서로 다른 프레임이 작용한다.

현명한 마케터는 사람들의 세계관을 변화시키려고 애쓰지 않는다. 당신의 주장이 옳다는 것을 증명하거나 또는 사람들의 편견을 바꾸기 위해 갖가지 증거를 들이대는 짓을 하지 말라. 그러기에는 시간도, 돈도 충분치 않다. 대신, 특정한 종류의 세계관을 지닌 사람들을 찾아 그 세계관에 맞춰 당신 스토리의 프레임을 짜라. 그러면 승리할 것이다.

도토리를 싫어하는 다람쥐는 없다

다람쥐를 유인하고 싶다면 도토리를 몇 개 놔두면 된다. 아주 확실한 방법이다.

다람쥐에게 도토리가 필요한 것처럼, 사람에게는 물과 음식이 필요하다. 하지만 좀 더 복잡 미묘한 상품들, 말하자면 사람들이 필요로 한다기보다는 원하는 것의 경우에는 이렇게 단순한 논리가 통하지 않는다. 개발도상국의 극빈층 소비자라 할지라도 자신들이 꼭 필요한 것보다는 갖고 싶은 것에 구매의 우선순위를 둘 수도 있다.

마케터들이 빠지기 쉬운 함정 **중** 하나는 시장을 유사한 성향의 사람들이 모인 큰 집단, 다시 말해 하나의 통일체로 보는 것이다. 그러나 욕구의 일원화란 있을 수 없다.

누구나 다 조금 더 좋은 식기세척기나 조금 더 빠른 항공기를 원하지는 않는다. 그런 것에 돈을 더 쓰고 싶어 하지 않는 사람도 있는 것이다. 모두가 다크 초콜릿을 원하지는 않으며 모두가 교외의 큰 저택에서 살고 싶어 하는 것도 아니다.

소비자가 맞닥뜨리는 선택의 가짓수가 늘어나고, 각자의 교육 경험과 살아온 배경과 욕구의 다양성이 증가함에 따라, 소비자들을 다 똑같은 존재로 간주하는 것은 엄청나게 위험한 일이 되었다. 심지어 그들이 모두 이성적이라고 생각하는 것조차 위험하다.

십 인 십 색

사람들의 '취향'이라는 것은 세계관의 또 다른 표현이다.

2004년 미국 대통령 선거 당시, 2억 9천만 국민들은 똑같은 정보를 접했다. 사람들은 별다를 것 없는 두 후보의 모습을 똑같이 지켜보았다. 그럼에도 그들 중 약 절반은 둘 중 한 사람이 더 낫다고 확신했고, 나머지 절반은 그 반대로 생각했다. 자, 그렇다면 전체의 절반인 1억 4,500만 명은 잘못 생각한 것일까? 나는 그렇게 생각하지 않는다. 대신 나는 유권자들이 수십, 수백 가지의 서로 다른 세계관을 지니고 있다고 믿는다. 그리고 그러한 세계관은 선거 운동이 시작되기 한참 전부터 이미 자리 잡고 있던 것이다.

투표는 후보자를 알리는 행위가 아니라 유권자를 알리는 행위다.

두 명의 지성인이 같은 정보를 접하고도 완전히 다른 결론에 도달할 수 있는 것은 세계관 때문이다. 그들에게 정보에 대한 접근권이 없다거나 합리적인 능력이 부족해서가 아니라, 단지 질문을 채 받기도 전에 그들이 이미 특정한 세계관에 빠져 있기 때문이다.

유사한 세계관을 가진 충분한 숫자의 소비자들이, 마케터가 효과적인 비용으로 접근할 수 있도록 한데 뭉쳤을 때 마케팅은 성공한다.

그렇다면 세계관을 변화시키는 건 어떨까? 시장에 대대적인 변혁을 일으키는 것은? 때로 유난히 운이 좋고 재주 있는 마케터들은 실제로 시장 전체의 세계관에 변화를 일으키기도 한다. 스티브 잡스(Steve Jobs)는 처음에는 매킨토시로, 그다음은 아이팟으로 그러한 변화를 몰고 왔다. 냅스터(Napster)의 창시자인 션 패닝(Sean Fanning)은 한 세대 아이들 모두가 '음악은 공짜'라는 생각을 가지도록 만들었다. 그런데 흥미로운 사실은, 세계관을 변화시키는 일이 참으로 매력적이긴 하지만 이것이 앞에서 본 바와 같이 큰 수익으로 이어지는 경우는 흔치 않다는 점이다.

마케터들은 주저하지 않고 남자와 여자, 부자와 가난한 사람들, 그리고 여행을 자주 하는 사람과 그렇지 않은 사람들에게 각기 다른 광고를 내보낸다. 단, 그들의 실수라면 그것이 충분히 다른 광고가 못 된다는 것이다. 단일한 시장이란 없다. 세상에는 수백만 개의 시장이 있고, 그 각각은 모두 같은 세계관을 가진 사람들로 채워져 있다. 그 중 가장 성공적이고 빠르게 움직이는 시장은 마케터들이 현존하는 세계관을 변화시키려고 노력하는 곳이 아니라, 현존하는 세계관을 더욱 강화하기 위하여 프레임을 사용하는 곳이다. 당신의 기회는 **다른 경쟁자들이 간과하는 세계관을 발견해서, 청중들이 귀를 기울일 수 있도록 당신 스토리의 프레임을 짜고, 그것을 바탕으로 계속해서 더 나아가는 데 있다.**

당 신 의   렌 즈 는   무 슨   색 인 가 ?

우리는 모두 다르다.

매스 마켓은 죽었다. 그 대신 우리가 마주하고 있는 것은 각 개인들의 집합이다. 태어날 때는 모두 같았을지 모르나, 지금 우리는 서로 다른 세계관을 지녔다. 인간은 특정한 마케팅 메시지에 노출되기 훨씬 전부터 이미 스스로에게 스토리를 들려주었다.

공화당원이 민주당 대통령 후보에게 가지는 첫인상은 민주당원의 그것과는 매우 다르다. 실리콘 밸리의 벤처 투자가들이 이베이를 바라보는 시선은 하트포드(Hartford. 굴뚝 산업의 중심지 중 하나)에 있는 투자가들의 시선과는 전혀 다르다.

모든 시장에서 선택의 폭이 점점 늘어남에 따라, 자신의 세계관에 몰입해 있는 소비자들의 권력 역시 같은 속도로 빠르게 성장하고 있다. 소비자들의 다양한 세계관에 대한 올바른 이해 없이 시장에 뛰어드는 것은 매우 분별력 없는 행동이라고 할 수 있다.

> – 세계관이 곧 당신 자신을 설명해 주는 것은 아니다. 세계관은 당신이 믿는 바다. 또한 그것은 당신의 성향이다.
> – 세계관은 영원불변의 것이 아니다. 그것은 소비자가 '지금 이 순간' 믿는 바다.

마케터가 자신의 얘기에 귀를 기울일 만한 세계관을 공통적으로 가지고 있는 청중에게 다가갈 때 마케팅은 성공한다. 그리고 마케팅 성공 스토리(스타벅스나 패스트 컴퍼니, 포르셰 카옌 같은)는 그러한 공통의 세계관이 새로 발견된 순간 탄생한다.

아 는 만 큼 보 인 다

소비자가 새로운 제품이나 서비스에 관해 스스로에게 들려주는 스토리는, 기본적으로 자신이 그 제품을 알기도 전부터 가지고 있던 세계관이 영향을 받는다. 세계관은 다음 세 가지에 영향을 미친다.

1. 주의 집중(Attention)

소비자의 세계관은 그가 어떤 대상에 주의를 집중할 것인가 말 것인가를 결정한다. 새로운 아스피린이나 고성능 컴퓨터가 필요치 않다고 생각하는 사람이라면, 그런 것들이 새로 출시되었을 때 관심을 갖지 않을 것이다.

2. 성향(Bias)

사람들에게는 저마다 싫어하는 것과 좋아하는 것의 목록이 있다. 새로운 제품이나 서비스가 시야에 들어오면, 성향이 자신에게 색안경을 덧씌워 각종 정보를 판단하게 만든다.

3. 표현 방식(Vernacular)

소비자들은 말의 내용만큼이나 그 형식에 신경을 쓴다. 그들은 사용된 매체의 종류와 분위기, 그리고 거기서 사용된 단어에 관심을 가지며, 심지어 그 향기에도 신경을 쓴다. 소비자에게 스토리를 들려주는 방식이 소비자의 기대를 충족시키지 못했을 때는 좋지 않은 결과를 가져온다.

소비자의 세계관이 어떤 식으로 마케터의 스토리 전달을 방해하거나 돕는가 하는 문제는 마케팅의 성공을 논하는 데 가장 간과되어 온 요소이다. 현재까지는 이를 직관에만 의존해 왔다. 마케터라면 언제나 이 관계를 정확하게 파악하고 있어야 한다.

세 계 관   살 짝   들 여 다 보 기

당신은 아래 진술에 동의하는가?

- 신기술이 삶의 질을 향상시킨다.
- 내가 조금만 더 예뻤더라면, 인기가 좋았을 것이다.
- 의사에게 처방받은 약은 안전하다.
- 나는 최고의 것을 살 만한 여유가 있다.
- 자동차 세일즈맨은 다 거짓말쟁이다.
- 나는 새 옷이 필요하다.

- 오페라를 좋아한다.
- 정보 위주의 광고를 하는 제품은 좋은 물건일 확률이 높다.
- 나의 목표는 친환경적인 삶을 사는 것이다.
- 나는 뉴욕 양키스의 팬이다.
- 물리치료가 외과 수술보다 훨씬 효과적이다.
- 내 가족을 위험으로부터 보호하는 일이 내게는 가장 중요하다.
- 즐기며 살자!
- 소비자주의나 과시와 향락에 관한 이야기는 내게 하지 말라. 인간의 내적 가치와 본성, 인생에 관한 얘기를 듣고 싶다.

  자신이 실제로 어떤 사람인가와는 별개로, 사람에 따라 위의 각 문장들에 대해 자신이 그렇다고 믿기도 하고 그렇지 않다고 믿기도 한다. 그 대답들을 모아보면(그리고 질문의 수를 한 1,000개쯤으로 늘린다면) 특정 소비자의 성향을 파악해서 당신의 스토리로 끌어들일 방법을 알아낼 수 있을 것이다. 어떻게 보면 그다지 어려운 일도 아닌 것 같다. 적어도 내게는 그렇다.

  인간은 모두 다르며, 바로 그러한 차이점 때문에 사람들은 어떤 일에는 주목하는 반면 어떤 일에는 눈길조차 주지 않는다는 것은 자명한 사실이다. 그런데도 대부분의 마케터들(또는 구직자, 사회운동가, 정치인, 맥주 회사 등)이 모든 소비자를 잠재고객으로 취급한다. 진정한 잠재고객이 아니라, 저 밖에 널려 있는 모든 막연한 잠재고객과 똑같은 의미로 말이다.

물론 모든 고객이 똑같지 않을뿐더러 모두 다 다른 것도 아니다. 사람들은 공통의 세계관을 중심으로 집단을 이루며, 당신의 직무는 이제껏 발견된 적이 없는 집단을 발견하여 그들을 위한 스토리의 프레임을 짜는 것이다.

1,000개의 세계관

자녀들에게 첨단의 교육용 도구를 제공해 주는 것이 그들을 행복으로 이끄는 일이라고 믿는 신세대 어머니들이 있다. 그런가 하면 차세대 건강보조 식품이 손쉽게 완벽한 몸을 만들도록 해줄 것이라고 믿는 보디빌더들도 있다. 몇몇 환경주의자들은 미래의 과학 혁명이 인류의 종말을 초래할 것이라고 확신하며, 일부 외국인 혐오자들은 곧 '블랙 헬리콥터(미국에서는 1991년 이후 정체불명의 검은 헬리콥터가 저공비행하는 것을 목격했다는 사람이 곳곳에서 나타나고 있다. 이 헬리콥터의 정체에 관해서는 비밀 조직의 정찰용 헬리콥터라는 설에서부터 외계에서 온 것이라는 주장까지 여러 가지 설이 떠돈다 – 옮긴이)'가 미국에서 날아 올 것이라고 믿는다.

이들 집단은 모두 자신들의 세계관을 지지하는 스토리를 듣고 싶어 한다. 각각의 집단은(이들이 모두 상호 배타적인 것은 아니다. 신세대 어머니들 가운데에도 음모론자가 있다) 자신들이 세상의 가장자리가 아닌 중심 부근에 있다고 생각한다. 그리고 이들은 각자 자신들의 요구가 충족되기를 열망한다.

디즈니 사의 '베이비 아인슈타인(Baby Einstein)' 사업부는 작년 한 해에만 1억 5천만 달러어치의 영·유아용 비디오를 판매함으로써, 자신들의 세계관과 일치하는 스토리를 듣고 싶어 하는 여성들에게 사실상은 아무짝에도 쓸모없는 물건을 제공했다. 이 여성들은 마케터가 들려준 스토리를 샀고, 그것을 믿었으며, 유아교육용 비디오에 관해서 자기들이 낸 입소문에 관심을 가지는 다른 사람들과 그 스토리를 공유했다. 베이비 아인슈타인 비디오테이프를 산 사람들은 회사의 스토리텔링에 함께 가담하게 되는 것이다.

이런 식으로 제품은 곧 열성 집난의 범위를 넘어서고 하나의 문화 현상이 된다. 그렇게 되면 아기를 위해 비디오를 사려는 초기의 열성적인 지지자 이외의 사람들도 그저 남들이 하니까 따라서 비디오를 사는 일이 벌어진다(그리고 이러한 현상은 비디오가 꼭 쓸모없지만은 않다는 것을 의미한다. 물론 아기에게는 아무 필요가 없지만 부모들의 진정한 욕구를 충족시켜 주지 않는가).

이들을 하나의 틈새시장에 불과하다고만 말할 수는 없을 것 같다. 핫소스 중독자들이나 내스카(NASCAR. National Association for Stock Car Auto Racing 미국 개조 자동차 경기 연맹 - 옮긴이), 대식가들 같은 사람들도 역시 작긴 하지만 시장을 하나씩 형성하고 있지 않은가. '세계관'이라는 관점이 당신에게 큰 기회를 가져다줄 것임은 자명한 사실이다. 상호 보완적인 세계관을 지닌 사람들을 한데 응집시킴으로써 전에는 몰랐던 커다란 시장을 발견할 수 있는 능력을 부여해 주기 때문이다.

하나의 공통된 세계관이 더 큰 시장의 일부가 될 수도 있다. 스토리의 프레임을 만들어 퍼뜨리는 데 성공하고 싶다면 시장의 작은 부분이라도 소홀히 하지 말아야 한다.

미국에 최고급 차(茶)가 처음 상륙했을 당시, 미국에는 그것을 소비할 시장이 없는 듯이 보였다. 포커스그룹 조차도 그것을 찾지 않았고, 미식가들을 위한 상점에서도 별 수요가 없었으며, 대부분의 시장 조사에서도 미국은 아직 테틀리(Tetley) 사의 티백보다 더 비싼 차를 소비할 준비가 되어 있지 않다고 나타났다.

잠재적인 차 소비자들이 모두 똑같다고 생각하는 사람이라면(테틀리와 립톤이 그랬듯이), 최고급 차 시장에서는 실패할 수밖에 없었을 것이다. 셀레스티얼 시즈닝스(Celestial Seasonings. 미국 최대의 차 생산업체 - 옮긴이) 사의 경우에는 히피들이라면 허브 차를 마실지 모른다는 가설을 증명했지만, 그것은 정말로 틈새시장에 불과했다.

그러나 '리퍼블릭 오브 티 앤드 타조(Republic of Tea and Tazo)' 같은 브랜드들은 결국 전문가들이 틀렸음을 입증했다. 이들 브랜드가 발견한 것은, 다음과 같은 세계관을 가진 사람들의 숫자가 매우 많다는 사실이었다.

"지금, 커피는 마시고 싶지 않아. 하지만 아주 특별한 종류의 따뜻한 음료를 마실 수 있다면, 좀 비싸더라도 기분이 좋을 것 같군. 내가 특별한 사람이 된 것처럼 느낄 수 있을 테니 말이야.

난 남들과는 다르고, 그럴 자격이 있는 사람이거든."

정확히 이러한 세계관을 바탕으로 이 브랜드들은 프레임을 만들었다. 이들은 차의 기원과 그 향기, 건강과의 관련성, 끓이는 방법 등에 관한 복잡한 스토리를 들려주었고, 그 결과 이제까지 알려지지 않았던 일단의 사람들이 몸을 일으켜 차에 주목하게 됐다. 사람들이 믿고 있는 와인에 대한 상세한 스토리처럼 차 스토리에 관련된 프레임, 즉 생각의 틀을 만들어 냄으로써 차와 커피 시장 소비자의 상당수가 그 이야기를 믿도록 만들었다.

물론 알려지지 않은 모든 세계관이 다 잠재 시장이라고 할 수는 없다. 어떤 시장은 너무 작기나, 너무 깊이 많거나, 너무 먼 가장자리에 있다. 하지만 세간의 통념에 맞지 않는다는 이유로 무시되어 온 집단 역시 셀 수 없이 많다.

이런 집단들 중 일부는 크기는 좀 작을지 몰라도 당신의 스토리를 받아들여 그것과 함께 성장할 가능성도 있다. 그럴 경우 작은 시장에 붐을 일으키고, 그것이 하나의 흐름으로, 트렌드로 자리 잡으며, 급기야는 매스 마켓으로 변화할 수도 있는 것이다.

프레임의 힘

물론 적절한 세계관을 타깃으로 삼는 것이 전제가 되어야 하겠지만, 진짜 마케팅의 마법은 프레임을 사용할 때 일어난다. 프레임, 즉 생각의 틀은 당신이 아이디어를 표현할 때 소비자의 세계관과 충돌하지 않고 그것을 껴안을 수 있도록 해주는 도구다.

이것을 얄팍한 전술로 생각해서는 안 된다. 프레임은 오늘날 마케팅의 핵심으로 자리 잡았다.

당신의 아이디어를 누군가의 세계관과 결합시킬 수 없다면, 그 아이디어는 그냥 묻혀버린다. '파일 공유'와 '파일 도용'은 큰 차이가 없는 행동이지만 전혀 다르게 들린다. 휴스턴의 오염된 강물과 죽은 새들을 찍은 사진은 이 도시의 고층 건물과 붐비는 쇼핑몰 풍경 사진과 마찬가지로 사실적이지만, 이 둘은 전혀 다른 청중에게 전혀 다른 스토리를 들려준다. '총기 안전 지침(firearm safety)'과 '총기 규제(banning handguns)'는 다르지만, 둘 다 같은 목적으로 정책 홍보에 사용된다.

프레임이란 사람들이 기존에 가지고 있는 성향을 강화하는 말이나 이미지, 또는 상호작용을 뜻한다. 미디어들이 우리에게 스토리를 들려줄 때면 언제나 이런 프레임을 사용한다. 신문에서 누군가를 'UFO광' 또는 '음모론자'라고 일컬을 때, 그 기사는 우리로 하여금 '저 사람들은 좀 비정상적인 사람이야'라는 생각이 들도록 한다. 또한 정치가들이야말로 스토리텔링에 프레임을 이용하는 데 선수들이다. '열렬한 극우 보수파', '신념을 굳게 지키는 사람들' 등의 표현은 같은 세계관을 공유하는 사람들을 하나로 묶기 쉽게 만들어준다.

일 단 문 안 으 로 들 어 가 라

대화에서 상대방의 세계관을 존중하는 것은 그 사람의 관심을 얻기 위한 입장료와 같다. 만일 당신의 메시지가 상대방의 세계관과 충돌하는 프레임을 가지고 있다면 당신은 상대방의 관심 밖으로 밀려나버린다.

  적합한 생각의 틀을 만드는 것은 설득력 있게 스토리를 전달하기 위한 첫걸음이다. 하지만 사람들에게 그저 그들이 듣고 싶어 하는 얘기나 들려주면서 그들의 세계관을 이용하라는 얘기는 결코 아니다. 마케팅이란 사람들이 이미 아는 것이나 되풀이해서 들려주는 것이 아니다. 그런 것과는 거리가 멀다. 나는 최고의 마케팅 스토리는 프레임 속에서 이야기되지만, 궁극적으로는 새로운 것에 대해 확신을 가질 수 있을 만큼 열려 있는 사람들에게 퍼져나간다고 믿는다.

" 이 쪽 도 저 쪽 도 다 싫 다 "

지미 카터(Jimmy Carter)는 이 법칙을 증명한 아주 특별한 인물이다.

  카터가 선거운동을 펼친 방식은 하워드 딘(Howard Dean. 2004년 민주당 대선 후보 경선에서 인터넷 선거 캠페인으로 돌풍을 일으킨 현 민주당 전국위원장 - 옮긴이)과도 많이 닮았다. 그는 현 체제에 염증을 느끼며 현상 유지를 거부하는 사람들, "이쪽도 저쪽도 다 싫다"는 세계관을 가진 사람들에게 호소하는 것으로 시작했다. 이 집단이 대통령 후보들에게 대응하는 방식은 일생을 공화당이나 민주당을 줄기차게 지지해 온 이들과는 확연히 달랐다. "어느 쪽도 아니다"를 선택한 유권자들은 사물을 보는 방식도, 그리고 스스로에게 들려주는 거짓말도 남들과는 달랐던 것이다.

유럽에서라면 이런 집단도 대개 몇 명쯤은 의회로 진출시킬 수 있다. 이들 집단이 선출한 의원들이 정책 결정에 큰 영향을 미치기는 어렵지만, 적어도 상황을 흥미롭게 만들 수는 있다. 하지만 미국에서는, 이렇게 불만세력이기는 하지만 정치에 다소나마 관심을 가진 유권자 집단이 자신들이 미는 후보를 대통령으로 선출할 기회가 거의 없었다.

하워드 딘은 이 집단을 하나의 기회로 보았다. 그는 이들에게 스토리("나는 대 이라크전에 반대합니다.")를 들려주었고, 그럼으로써 자신을 다른 경쟁자들과 차별화했다. 그가 목표로 삼은 청중(자신들을 사려 깊은 아웃사이더로 생각하는 사람들)이 그들 스스로에게 들려준 거짓말은 단순하면서도 하워드 딘이 지닌 지역적(그의 출신 지역은 전통적으로 민주당이 우세한 번화한 도시 지역이 아니라 버몬트라는 시골이다), 경제적(그는 재정 문제에서는 사실상 보수주의자다) 약점을 간단히 무시하게 만드는 것이었다.

그의 스토리는 퍼져나갔다. 그것은 사람들이 쉽게 공유할 수 있는 스토리였다. '그 어느 쪽도 아닌' 집단이 그에게 열광하며 지지 세력으로 뭉쳤다. 그들은 밋업닷컴(http://www.meetup.com/. 관심사가 비슷한 사람들을 서로 연결해 주는 미국의 인터넷 사이트 - 옮긴이)으로 몰려들었고, 딘을 지지하는 블로그로 인터넷을 뒤덮었다. 또한 후원금 모금과 이메일 선거운동에도 나섰다.

딘과 그의 추종자들이 선택한 도박은 위험하긴 했지만 동시에 단순명료했다. 그들은 '어느 쪽도 아닌' 사람들을 끌어들이는 데 초점을 맞추는 동시에, 언젠가는 자신들이 소수에서 다수로 거듭나야 함을 알고 있었다.

당신이 작지만 열정적인 어떤 집단이 마음에 들어 하는 상품을 출시한 후에, 그 집단과는 관심사와 성향이 다른 좀 더 큰 그룹에서도 똑같은 성공을 이루기 위해서는 딘의 그룹이 보여 준 것과 같은 도약 단계를 거쳐야 한다.

이것은 제프리 무어(Geoffrey Moore)가 그의 저서 『캐즘 마케팅(Crossing the Chasm)』에서 이야기한 '얼리 어답터(early adopter)에서 매스 마켓으로 뛰어넘는 과정'과도 일치한다. 무어가 놓친 부분이 있다면, 이 과정이 완만하고 일차원적인 곡선이 아니라는 점이다. 사실상 이것은 인구와 세계관, 그리고 시장의 차원을 뛰어넘는 다면적이고 혼란스러운 현상이다.

당신이 신발을 팔든 컴퓨터를 팔든, 혹은 선거 입후보자든 간에 당신의 스토리를 집단의 일부에서 나머지 부분으로 퍼뜨리는 것은 매우 어려운 일이다. 딘은 여기서 실패했다. 그의 실패는 엄청나고도 순식간에 일어난 일이었다. 그가 실패한 이유는 그가 초기에 성공한 이유와 정확히 일치했다. 그것은 그를 지지한 세력이 어떤 후보를 선출하고자 하는 사람들이 아니라 다만 자신들의 생각을 밝히고 싶을 뿐인 사람들이었기 때문이다. 자, 그렇다면 딘을 패배시킨 스토리는 무엇이었을까? 한마디로 표현할 수 있다—"뽑을 수 없다" 그 어느 쪽도 아닌 사람들은 딘이 대선에서 승리할 것이라고 주위의 민주당 지지자들을 설득하는 데 실패했다. 스토리는 더 뻗어나가지 못한 채 갈 길을 잃었다.

물론 카터는 성공했다. 하지만 그런 일이 또다시 일어나리라고 장담할 순 없다. 시장의 이단아들은 매스 마켓으로 진출하기 위해 애쓰는 과정에서 언제나 딘이 직면한 것과 같은 장벽에 부딪친다. 승자가 독차지하는 시합에서 빠져나갈 수만 있다면 성공 가능성은 좀 더 높겠지만.

필사적으로 당신의 이야기를 듣고자 하는 청중에게 당신의 스토리를 들려준다는 것은 무척이나 매혹적인 일이다. 문제는, 그 청중이 당신의 스토리에는 빠져들지 모르나, 당신에게 이익은 가져다주지는(혹은 당신을 선출하지는) 못할지도 모른다는 데 있다. **세계관을 공유할 수 있는 틈새를 발견하는 것만으로는 충분치 않다. 그 틈새가 주변의 더 큰 집단에 영향을 미칠 수 있는 준비가 되어 있어야 하고 그럴 능력도 있어야 한다.**

천 사 와 악 마

베스트 바이(Best Buy. 미국의 전자제품 유통업체 - 옮긴이)는 내가 제일 좋아하는 회사 중 하나다. 그 이유는 이 회사가 '정보에 대한 집착'과 '우호적인 사람들', 그리고 '진정한 스타일'을 한데 결합시켰기 때문이다. 이들이 최근 악마에 대항하기 위해 취한 조치들을 보면 당신이 이야기를 들려줄 상대를 선택하는 일에 왜 좀 더 까다로워져야 하는지 이해하게 될 것이다.

대형 판매업체가 다 그렇듯이, 베스트 바이 역시 될 수 있으면 많은 사람들이 자기네 매장에 들러주길 바란다. 이들은 목 좋은 곳에 자리를 잡고 수백만 달러에 달하는 광고와 프로모션을 펼치며, 다양한 종류와 가격대의 상품을 진열해 놓는다.

그런데 최근 베스트바이의 CEO 브래드 앤더슨(Brad Anderson)은 베스트 바이 고객 중 1억 명(약 20퍼센트) 가량은 사실상 이 회사에 손실을 입히고 있다는 사실을 발견했다. 그는, 만일 베스트 바이가 나머지 80퍼센트에게 회사의 역량을 집중할 수만 있다면 매장을 더욱 재미있는 쇼핑 장소로 만들고 수익 또한 늘릴 수 있을 것이라고 생각했다.

문제는, 베스트 바이가 극단적으로 다른 세계관을 가진 두 부류의 청중에게 스토리를 들려주고 있다는 점이었다.

한 부류의 청중(그들은 천사다)은 전자제품을 쇼핑하는 일에서 큰 재미를 느끼는 사람들이었다. 그들은 최신 LCD 프로젝터나 와이드스크린 텔레비전을 갖는다는 것이 비싼 돈을 치를 만한 유쾌한 일이라고 믿었다. 또한 베스트 바이가 훌륭한 서비스를 갖췄고 쇼핑하기 즐거운 곳이라는 점 때문에 이곳을 선호했다. 그들은 단지 30달러가 싸다는 이유로 대번에 월마트로 달려갈

만큼 가격에 민감하지는 않았다.

반면 다른 한 부류의 청중(그들은 악마다)은 가장 싼 곳에서 물건을 사는 것만이 유일한 목표였다. 그들 중 일부는 싸게 살 수만 있다면 무슨 짓이라도 하는 사람들이었는데, 심지어는 베스트 바이의 환불 정책을 악용해, 물건을 샀다가 다음날 와서 환불을 받고는 그 제품이 반품 진열대에 놓이면 다시 찾아와 바로 자신이 전날 환불했던 제품을 정가의 반값에 사가는 짓도 서슴지 않았다.

당연히 이 두 부류의 청중은 스스로에게 베스트 바이에 대해 전혀 다른 스토리를 들려줄 수밖에 없었다. 천사들은 신문 전단지를 보면서 스스로에게 어떤 선물을 사줄까 꿈꾸었다. 반면 악마들은 인터넷 가격 비교 사이트를 전전하며 어떻게 하면 좀 더 유리한 가격에 물건을 살 수 있을지 골몰했다.

만일 당신이 모든 잠재 소비자들을 똑같이 취급한다면, 가격 비교 사이트에 광고를 하든, 『댈러스 모닝 뉴스(Dallas Morning News)』에 광고를 하든 그 만족감은 똑같을 것이다. 하지만 누군가가 스스로에게 당신에 관한 거짓말을 들려주려고 한다고 해서 무조건 그것을 부추겨야 하는 건 아니다.

직관에 반하는 행동일지는 모르나, 베스트 바이가 일부 고객들을 솎아내고 자신들에게 이득이 되는(그리고 긍정적인) 세계관을 가진 고객들에게 좀 더 영합하기로 결정한 것은 대단히 잘한 일이었다.

러 키 참 스 는 건 강 식 품 인 가 ?

시리얼 업계는 그간 엄청난 호황을 누렸다. 20년이 넘는 세월 동안 가격은 계속해서 상승했고, 진열할 공간은 점차 늘어났으며, 이윤은 증가했고 수요도 꾸준했다.

그리고 어느 날 앳킨스(Atkins. 창시자 로버트 앳킨스 박사의 이름을 딴 다이어트 법으로 고단백 저탄수화물 식사를 통해 체중을 줄이고 콜레스테롤 수치를 낮추는 방법을 말한다 – 옮긴이)가 떴다. 수많은 청중의 세계관이 거의 하룻밤 사이에 바뀌어버렸다. 엄마들은 갑자기 아이들에게 정제설탕과 밀가루로 만들어진 간편한 아침식사를 먹이길 꺼리게 되었다. 트윈키스나 원더브레드 같은 인기 제빵 브랜드를 소유한 인터스테이트 베이커리 사(Interstate Bakeries Corporation)는 파산에 직면했다. 소비자들이 스스로에게 들려주던, 아침식사용 시리얼의 유익함에 대한 거짓말은 순식간에 설 곳을 잃었다.

고거트(Gogurt. 짜먹도록 튜브에 담긴 요거트 상품명 – 옮긴이)를 만들어낸 제이 굴리어드(Jay Gouliard)와 그가 소속된 제너럴 밀즈(General Mills)는 이 급격한 변화를 목격하고 행동을 취하기로 결심했다. 그들이 스토리를 바꾸기로 결심한 지 100일도 채 되기 전에, 제너럴 밀즈 산하 모든 주요 브랜드의 시리얼이 100퍼센트 비정제 곡물을 사용하게 되었다. 러키 참스(Lucky Charms. 제너럴 밀즈의 건강용 시리얼 브랜드 – 옮긴이)의 새로운 비정제 곡물 정책은 급속도로 새로운 세계관의 호응을 얻었다. 즉, 비정제 곡물로 만든

식품이 자신과 자녀의 건강에 훨씬 유익하다는 청중들의 자각에 부응하게 된 것이다. 앳킨스가 제너럴 밀즈의 작품은 아니지만, 앳킨스가 일단 대규모 청중의 성향을 변화시키자 제너럴 밀즈는 청중들이 아직 자기네들에게 귀 기울일 동안 재빠르게 새로운 스토리를 들려주었다.

제너럴 밀즈의 대응이 성공을 거두게 된 데에는 네 가지 요인이 있다. 첫째, 그들은 발 빠르게 움직여 시장의 선두 주자로 우뚝 설 수 있었다. 둘째, 건강에 좋은 새로운 시리얼은 여전히 맛도 있었다. 셋째, 그들은 오랫동안 통했던 그들의 스토리("환상적인 맛!")를 새로운 스토리에 힘을 싣는 데 이용했다. 그리고 마지막이자 가장 중요한 이유는 그들이 자신들의 오래된 브랜드에 새로 짜 넣은 프레임이 저탄수화물이라는 세계관을 공유하는 수많은 청중을 찾아냈다는 점이다.

제이와 그의 팀은 전통적인 브랜드에 대한 새로운 스토리를 퍼뜨리는 데 프레임을 어떤 식으로 이용하면 좋을지 잘 알고 있었다. 그들은 스토리를 들려주었고, 우리는 그 거짓말을 믿었으며, 이야기는 퍼져나갔다.

주의 집중과 개인의 성향, 그리고 표현 방식

주의 집중(Attention)

주의 집중은 사람들이 일반적으로 생각하는 것보다 매우 중요한 요소다. 소비자들은 주의를 집중하기 전에는 아무것도 알아차리지 못한다. 시간은 누구에게나 일정하게 주어지고, 그것을 어떻게 배분하느냐는 중요한 결정 사항 가운데 하나다. 어떤 사람은 대부분의 시간 동안 주식 시장에 주의를 집중시켜 다우지수의 등락에 민감하게 반응한다. 어떤 사람은 하이힐이나 패션의 전문가가 되기 위해서 『보그(Vogue)』지를 연구하는 데 주의를 집중한다. 그리고 또 다른 사람은 삶의 대부분을 대인 활동에 집중하고 그 밖에 쓸모없는 일에는 아예 관심을 기울이지 않는다.

당신이 마케터로서 사람들에게 주의 집중을 강요할 수는 없다. 텔레비전 광고를 하거나 가가호호 방문하는 것만으로 사람들을 당신이 하고자 하는 이야기에 귀 기울이도록 할 수 있을지는 불투명하다. 퍼미션 마케팅이 그토록 효과적인 이유가 바로 여기에 있다. 당신이 보내려는 메시지가 자신의 삶에 중요한 의미가 있다고 생각하는 사람만이 당신의 메시지를 들을 수 있다.

물론 '주의 집중'이라는 것이 난공불락의 요새는 아니다. 사람들은 자신이 의도하지 않았던 것에 주목하기도 한다. 그들은 일시적인 유행에 휩쓸려들기도 하고, 특이한 광고에 주목하기도 하며, 길 건너편에서 무슨 일이 벌어지고 있는지 관심을 기울이기도 한다. 하지만 이런 일들은 어쩌다 가끔씩 일어나며 예측과 효과 측정이 불가능하기 때문에 마케터들이 거기에 기대기에는 무리가 따른다.

개인의 성향

내 친구 리사는 몇 년 전 베스트셀러를 한 권 냈는데, 그 책에 관한 아마존 독자 서평을 읽어보면 놀라움을 금할 수 없다. 독자의 절반가량이 그녀의 책에 별 다섯 개를 주었다. 그들은 이 책이 엄청나게 감동적이며 너무나 잘 쓴 글이라고 칭찬했다. 그러면서 이 책을 사서 친구들에게 나눠주기까지 했다고 적었다. 자, 그렇다면 나머지 절반은? 별 하나. 이들은 리사의 글과 그의 사생활, 심지어는 그 책의 애독자들까지 싸잡아 욕하는 글을 남겼다.

무슨 이런 경우가 다 있나? 어떻게 한 권의 책에 대한 반응이 이토록 극단적으로 나뉠 수 있을까? 대답은 간단하다. 이 책은 아무것도 하지 않았다. 굳이 꼽자면, 독자들이 책을 펼치기도 전부터 이미 가지고 있던 자기네들의 성향을 표현하도록 기회를 주었을 뿐이다.

마케팅의 개척자가 된다는 것은 무척 끌리는 일이다. 커피 애호가를 차 애호가로 변화시키고, 보드카 팬들이 술을 끊도록 만들고, 공화당 지지자를 민주당 지지자로 돌아서게 하다니……. 때로 운이 좋으면 성공을 거두기도 한다. 하지만 이것은 어렵고 힘든 여정이다.

사람들은 자신의 세계관을 바꾸고 싶어 하지 않는다. 사람들은 자신의 세계관을 사랑하며 믿고, 그것을 더욱더 강화하고 싶어 한다.

표현 방식

일단 당신과 같은 세계관을 가진 사람들의 주의를 집중시키는 데까지 성공했다고 하자. 그렇다면 이제 당신이 그들에게 스토리를 들려주기 위해 사용하는 표현 방식이 극도로 중요해진다. 단어, 색상, 서체, 상징, 매체, 포장, 가격……. 당신이 스토리를 꾸미기 위해 사용하는 모든 것들이 스토리 그 자체보다도 훨씬 더 중요해지는 것이다.

나는 지금 이 글을 뉴욕 플레전트빌에 있는 드래건플라이라는 커피숍에 앉아서 쓰고 있다. 이 가게는 자기가 이야기하고 싶은 스토리에 완벽하게 어울리는 표현 방식을 사용하고 있다. 스피커에서는 엘비스의 음성(초기의)이 흘러나온다. 창가에는 돌부처상이 놓여 있고, 도자기 머그컵이 돌 탁자에 부딪칠 때마다 경쾌한 소리가 울린다. 칠판에는 손으로 쓴 글씨가 적혀 있으며, 탁자 밑에는 잘 훈련받은 안내견이 앉아 낮은 소리로 콩콩대고 있다.

커피와 차(표면상 여기서 판매하는 "상품들")는 길 건너 식당에서 파는 것과 똑같지만 가격은 두 배다. 하지만 상관없다. 차 때문에 여기 오는 사람은 아무도 없으니까. 사람들은 이 커피숍이 들려주는 스토리와, 그 스토리를 믿음으로써 가질 수 있는 좋은 느낌 때문에 이곳을 찾는다.

자, 설명 문구나 웹 디자인, 사진 같은 것들이 그토록 중요한 이유를 알겠는가? 당신네 회사 영업사원이 무엇을 입고 어떤 식으로 말하는지가 중요한 이유를 깨달았는가? 팻 홀트(Pat

Holt. 부모 교육 강사이자 정신지체아 지도 교사로 몇 권의 교육 관련 저서를 썼다 - 옮긴이)가 '함부로 써서는 안 되는 단어' 목록(사실은, 완전히, 절대로, 완벽하게, 계속해서, 끊임없이, 말 그대로, 정말로, 불행히도, 뜻밖에도, 놀랍게도, 잘하면, 결국 등)을 발표했을 때, 그녀는 말의 형식이나 문법에 관해 이야기하려는 게 아니었다. 그 보다는 말의 중요성을 일깨우고, 좋지 못한 표현은 당신을 무시하고 싶어 하는 사람들에게 적신호가 될 뿐이라는 사실을 알리고자 했던 것이다.

조 지 칼 린

그 어떤 작가든 조지 칼린(George Carlin. 사회 풍자와 독설로 유명한 미국의 코미디언 - 옮긴이)의 말을 자신의 책에 인용하는 데 주저할 리 없겠지만, 특히 나는 그의 '돌려 말하기' 식 어법을 좋아한다.

'돌려 말하기'라고 하면, 단순히 그 말이 주는 나쁜 느낌을 피하기 위한 방법이라고 생각할지 모르나 사실 그 의도는 듣는 사람의 개인적 성향을 뛰어넘어 이야기가 전달되도록 스토리에 프레임을 덧붙인 것이다. 여기 칼린이 사용한 바 있는 단어 열 가지를 소개한다. 그중 몇 개는 무척 재미있다.

창녀 ⇒ 상업적인 성 노동자
무신론자 ⇒ 교회에 가지 않는 사람

이력서 허위 기재 ⇒ 이력서 강화

경찰 곤봉 ⇒ 지휘봉

포르노 스타 ⇒ 성인 엔터테이너

룸서비스 ⇒ 개인적인 만찬

나이트클럽 ⇒ 파티 장소

뚱뚱한 여자 ⇒ 몸집이 큰 여성

위원회 ⇒ 특별 대책 회의

가정부, 하녀 ⇒ 객실 보조원

이런 완곡한 표현은 관심의 문이 면전에서 쾅! 닫히기 전에 스토리에 색을 칠 입혀 진덜할 수 있노톡 해준다. '위원회'라는 것에 참여하고 싶어 하는 사람은 아무도 없다. 아무리 훌륭한 위원회일지라도 말이다. '위원회'라는 단어는 무조건적인 반대나 지지부진함, 권태로움 등을 연상시키기 때문이다. 반면 '특별 대책 회의'는(어쨌든 잠시만이라도) 나머지 문장에 귀를 기울이게 할 정도의 에너지는 지니고 있지 않은가.

'나이트클럽'도 마찬가지다. 아무리 최첨단의 나이트클럽이라고 해도 그런 곳에서 성인식 파티를 열고 싶은 사람은 없을 것이다. 하지만 '파티 장소'라면, 거절하기 전에 한번쯤 거들떠라도 볼 것이다.

얼리 어답터와 그 나머지

테크놀로지 관련 마케터들은 얼리 어답터와 매스 마켓에 관해 이야기하기를 좋아한다. 얼리 어답터는 틈만 나면 최신 기기를 사러 다니는 기술광들을 일컫는 말이다. 반면 매스 마켓, 즉 대중 시장은 그 기술의 가격이 저렴해지고 성능이 입증될 때까지 몇 년이고 기다린다. DVD도 이러한 여정을 거쳤다. DVD가 얼리 어답터의 방을 출발해 당신 어머니의 거실에 도착하기까지는 10년의 세월이 걸렸다.

얼리 어답터와 대중 시장의 차이는 세계관의 차이라고도 바꾸어 말할 수 있을 것이다. 그러한 차이는 독감에 걸렸을 때 병

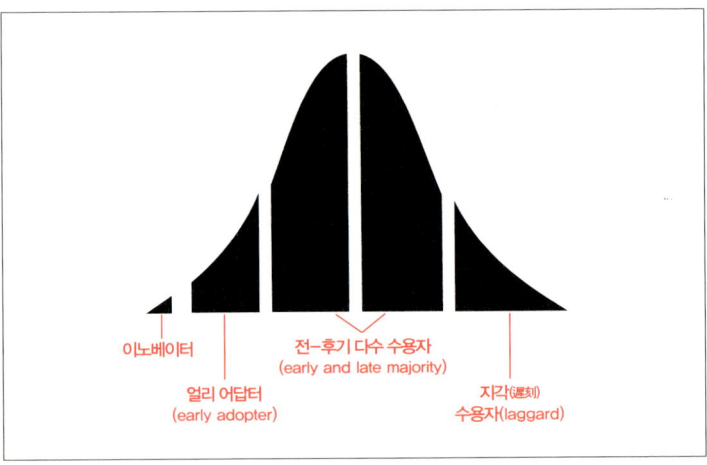

이 곡선은 새로운 기술 제품에 대한 소비자들의 세계관을 보여준다. 왼쪽에 위치한 집단(이들은 소수다)은 새로운 것이라면 무엇이든 열성적으로 구매하는 경향이 있다. 매스 마켓은 중간에 위치한다. 그래프의 오른쪽에 속한 사람들은 여전히 VCR 녹화를 어려워한다.

원을 찾는 사람과 집에서 쉬는 사람의 차이, 그리고 채식주의
자와 스테이크를 선호하는 사람의 차이와도 같은 것이다.

제프리 무어는 『캐즘 마케팅』에서 하나의 신상품이 제품 수
용 곡선을 따라 움직이는 모습을 보여주었다. 스토리를 이용한
마케팅을 성공시키기 위해서는 먼저 수많은 범주에서 이런 형
태의 곡선이 작용한다는 사실을 깨달아야 한다. 사람들은 '세
상에는 제품 수용 곡선 단 하나밖에 존재하지 않으며, 마케팅
이 성공하는 데 관련된 세계관은 신기술 수용 경향뿐이다'라고
생각한다. 그러나 그것은 계산 방식과 기본 개념만 흡사한 수
많은 세계관 중 극히 일부에 불과할 뿐이다.

마케터들은 모든 곡선에서 중간 부분에 집중하고 또 집중한

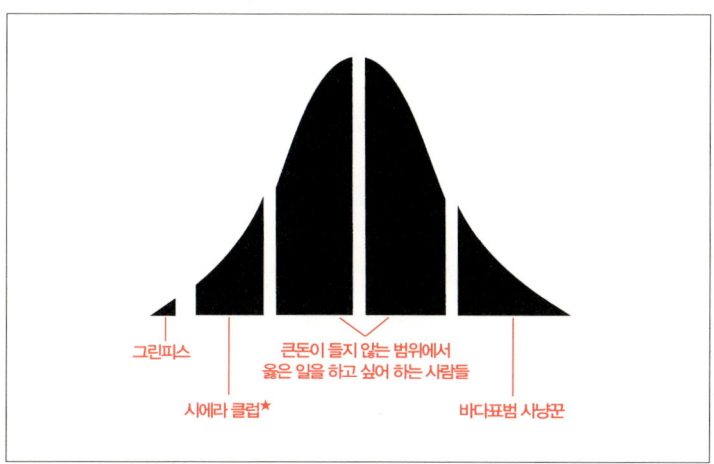

이해를 돕기 위해 환경 문제에 대한 미국민의 세계관별 분포 곡선을 그려 보았다.

★ 야생지역 보호와 지구생태계 자원의 책임 있는 사용을 촉구하고 실천함을 목적으로 1892년에
설립된 미국의 대표적인 환경단체 – 옮긴이

다. 그리고는 늘 실망한다. 중간 부분은 매우 붐비고 소란스러우며 공급이 넘쳐난다. 자신의 세계관을 아직 충족시키지 못한 사람들은 가장자리에 몰려있다.

세 계 관 은   세 계 보 다   작 다

'세계관'이라는 용어를 사용하는 것이 그리 편하지만은 않다. 왜냐하면 이 단어는 소비자의 성향이 어떤 대단한 일, 말하자면 지구 차원 정도의 사건에 영향을 미칠 때나 사용할 수 있는 말처럼 느껴지기 때문이다. 그러나 사실 대개는 아주 작은 일에서 우리의 세계관을 엿볼 수 있다. 초콜릿 바에 대해서 어떻게 생각하는지, 이력서를 어떤 식으로 쓸지, 혹은 라디오에서 나오는 광고가 어떻게 느껴지는지, 뭐 이런 일들 말이다. **세계관이란 사람들이 어떤 결정을 하려고 할 때 그것을 들여다보기 위한 렌즈다.**

그런데 말이다. 당신은 백만 명이 백만 개의 서로 다른 세계관을 가지고 있다고 생각하는가? 그렇다면 당신은 정말 순진한 사람이다. 사실, 세계관은 각각 하나의 덩어리를 이루고 있다. 그리고 각 세계관에는 서로 다른 사람들을 한데 묶는 공통의 요소가 있다. 물론 내가 이런 특성을 처음으로 발견한 것도 아니고, 어느 특정한 세계관이 본질적으로 중요하다는 이야기도 아니다. 다만, 내가 바라는 것은 당신이 그런 공통의 세계관을 찾

아내는 요령을 터득하는 것이다. 예를 들어, 뉴햄프셔의 초인종
과 건강식품 가게에는 알고 보면 공통점이 많다.

뉴 햄 프 셔 에 는   초 인 종 이   없 다

2004년 대선 당시 나는 접전이 벌어지고 있는 뉴햄프셔 주에
여론조사차 간 적이 있다. 거기서 특이한 사실을 하나 발견했
는데, 그 어느 집에도(적어도 우리가 맡은 지역에는) 초인종이 없다는
것이었다. 큰 집이건 작은 집이건 마찬가지였다. 초인종 만드
는 기술이야 이미 오래전부터 일반화되었으니 뉴햄프셔 주민
들도 원한다면 집에 초인종을 달 수 있을 텐데 말이다.

  초인종을 달지 않는 이유가 뭘까? 그것은 바로 이 지역 주민
의 세계관, 즉 낯선 사람에 대한 의식을 반영하는 것이다. '만
일 당신이 친구라면, 무조건 들어와도 좋다. 낯선 사람이라면?
조용히 꺼져주기 바란다.' 만일 이 동네에서 뭔가를 좀 팔고 싶
다면 당연히 이들의 세계관을 이해해야 할 것이다. 여기서 자
신의 존재를 알리는 표현(=초인종 울리기)은 낭비일 뿐만 아니라
사실상 역효과를 낸다.

이 에   관 한   전 설

톰스 오브 메인(Tom's of Maine. 미국의 친환경 생활용품 회사 – 옮긴이)
은 결국 스토리텔링으로 엄청나게 성공한 대표적인 회사가 되
었다.

마케터의 관점에서 볼 때, 치약이라는 것은 참 골치 아픈 존
재다. 사람들이 치약을 그리 자주 사는 것도 아닐뿐더러 살 때
도 브랜드를 별로 따지지 않는다. 값싼 물건이기 때문에 한두
푼 더 싸게 내놓아 봤자고, 그렇다고 좀 더 잘 닦이는 치약을
찾아 돌아다닐 사람도 없다. 이런 형국이니 할인 쿠폰이라도
모으는 사람이 아니면 그 누가 치약 광고에 신경을 쓰겠는가.

그래서, 톰은 스토리를 만들어냈다. 건강식품에 관한 자신들
의 생각, 믿을 만한 제조 공정, 환경에 대한 책임……. 그들의
스토리는 일부 청중의 세계관과 완벽하게 맞아떨어졌다. 건강
식품 상점에서만 치약을 판매함으로써, 톰은 자신의 스토리 프
레임에 수긍하고 그것을 기쁘게 받아들인 일단의 소매상들에
게(더 나아가 소비자들에게) 말을 걸었던 것이다.

그 후 점점 더 많은 가정에서 톰스 오브 메인의 상품을 찾아
볼 수 있게 되었고, 입소문은 순식간에 퍼져나가기 시작했다.
그리고 그것은 건강 지상주의자와 일반 대중 사이의 캐즘을 넘
어섰다. 써본 사람은 친구에게 스토리를 들려주었고, 그 사람
은 또 다른 사람에게……. 아무 치약이나 되는대로 쓰던 사람
들이 거짓말을 믿게 되었고, 더 나아가 그것을 주위 사람들과

공유했다. 치약이 특별히 효과가 있었던 건 아니다. 다만 그 치약을 씀으로써 기분이 좋았던 것뿐이다.

톰이 한 일은 다음과 같다.

1. 공통의 세계관 발견하기
2. 발견한 세계관과 관련해 스토리의 프레임 만들기
3. 스토리 퍼뜨리기
4. 새로운 시장을 창조하고 소유하기

세계관이 같다고 다 공동체는 아니나

공동체는 분명 (약간의) 세계관을 공유한다. 예컨대, 우리 동네 사커맘(soccer mom. 1990년대 초반 미국 콜로라도 덴버의 시의회 선거에 나선 한 여성이 자신을 '사커맘'이라고 소개한 데서 유래된 말로, 자녀들에게 축구를 시키고 열성적으로 지지해 주는 특정 계층 어머니들을 일컫는다 - 옮긴이)들은 정치에서 자동차에 이르기까지 모든 것에 대해 비슷한(하지만 똑같지는 않은) 성향을 보인다. 이것은 거의 틀림없는 사실이다. 이들을 하나의 공동체로 엮어주는 것은 그들이 서로 나누는 이야기다. 그들은 생각을 공유하고, 다른 구성원들에게 맞춰 성향과 선택을 조정한다. 한 사커맘이 미니밴을 사면 소문이 퍼지기 시작하고, 새 자동차에 관한 스토리에 사람들이 관심을 갖게 되면 소문은 공동체 전체로 번져나간다.

하지만 공통의 세계관을 가졌다고 해서 공동체가 되는 건 아니다! 가령 자동차 영업사원을 좋아하지 않는 각 개인들이 하나의 응집된 공통체를 이루고 있는 것은 아니지 않은가. 그들은 단지 성향이 비슷할 뿐, 자신과 마찬가지로 자동차 판매원들을 좋아하지 않는 다른 사람들에게 특별한 관심이 있는 것은 아니기 때문에 서로 이야기를 나누지도 않는다.

이 책에서 나는 때로 '시장'이라는 단어 대신 '공동체'라는 단어를 사용할 것이다. 그 이유는, 최고의 마케팅은 세계관을 공유하고 그것에 대해 함께 이야기하는 집단, 즉 공동체에게 말을 걸 때 비로소 가능하다고 생각하기 때문이다.

다음 세대를 지배할 세계관을 어떻게 찾을까?

나도 모르겠다.

앨라배마의 진보주의자들이나 영화에 관심을 쏟는 오디오 광들에게서? 어쩌면 무공해 자동차 연료나 무공해 플라스틱에 관해 열린 생각을 가지고 있는 사람들에게서 찾을 수 있을지도 모른다. 아니면 증가 일로에 있는, 복잡한 기술에 대한 저항 세력은 어떨까?

다음 세대를 지배할 세계관을 찾는 일은 과학이 아니라 예술이다. 바로 그렇기 때문에 그것은 무척 재미있고, 큰 수익을 기대해 볼 수 있는 일이다. 정답이 무엇인지는 모르겠지만, 그걸 찾기 위해 당신이 걸어야 할 길은 자명하다.

　스스로 찾아 나서야 한다.

　공통의 세계관을 가진 집단을 찾아내면 마케팅의 성과가 놀랍도록 변화할 것이라는 사실을 인정하기만 해도 당신은 이미 그것을 찾아낸 것이나 다름없다. 그렇게 되면 제조 과정이나 판촉 전략, 광고 메일 보내기 같은 것에 더는 집착하지 않게 될 것이다. 그리고 당신의 비즈니스 방식을 완전히 변화시킬 스토리를 모색하게 될 것이다.

가 장 중 요 한   세 계 관

(최소한 자신의 목적을 위해서라도) **존경하는 이들을 뒤따르고자 하는 욕망은 우리 사회를 결속시키는 매개체 역할을 한다. 이것은 또한 모든 성공적인 마케팅 모험에 들어 있는 비밀스런 요소이다.**

　직접 드러내놓는 방식으로는 많은 사람들을 당신의 스토리에 끌어들일 수 없다. 하지만 만약 '주변 사람들과 생각을 공유하고 싶다'는, 거의 누구나가 가진 세계관을 이용한다면, 당신의 스토리를 믿는 사람들이 자신의 주변 사람들과 그 거짓말을 공유하기 위해 애쓰는 모습을 보게 될 것이다. 단, 여기에는 조건이 있다. 당신의 스토리가 퍼뜨리기 쉬운 것이고, 사람들이 그 스토리가 '퍼뜨릴 만한 가치가 있다'고 믿어야 한다.

　결론의 핵심은 '모든 세계관이 본래 다 똑같지는 않다'는 것

이다. 어떤 세계관은 너무 개인적이거나 여러 사람이 공유하기
어렵고, 또 어떤 세계관은 남을 따라 하기 싫어하는 사람 특유
의 것이어서, 그런 세계관을 잘못 선택한 경우에는 마케터에게
돌아오는 대가가 그다지 크지 않을 수도 있다. 마케터의 입장
에서 볼 때 최상의 세계관은 "우리 함께해요!"라는 건전한 성
분이 든 세계관이다.

칼럼니스트 롭 워커(Rob Walker)가 『뉴욕 타임스』에서 지적
했듯이, 세상에 존재하는 모든 입소문은 전체 인구 중 소수
에 의해 이루어진다. 이들은 버즈 에이전트(buzzagent)나 스니저
(sneezer), 얼리 어답터(early adopter) 등으로 불리는데, 소비자로서
그들이 갖는 특성 때문에, 스토리텔링에 관심이 있는 마케터들
에게는 다른 소비자들보다 훨씬 더 중요한 존재다.

어떤 사람들은 당신의 스토리를 유달리 잘 퍼뜨리며, 그들은
때로 누가 더 잘하는지 경쟁하기도 한다. 월스트리트의 증권업
자가 로빈 후드 재단(Robin Hood foundation. 뉴욕 시의 빈민을 구제하려는
목적으로 설립되었다 - 옮긴이)이 주최하는 기금 모금 행사에서 70만
달러를 쾌척함으로써 빅토리아 시크릿(Victoria's Secret) 겨울 패션
쇼에 친구들 여섯 명과 함께 참석할 권리를 얻는 모습은 그렇
게 이상한 것이 아니다.

크리스티 경매장(Christie)의 큐레이터인 에이미 카펠라조(Amy
Cappellazzo)는 '아트 바젤 마이애미 비치(Art Basel Miami Beach. 스위
스 바젤에서 열리는 세계적인 미술박람회 '아트 바젤'을 본뜬 행사 - 옮긴이)'에
모인 극히 부유한 미술 수집가들에 대해 이렇게 묘사했다.

"그 사람들은 혼자서 조용히 5만 달러에 살 수 있는 물건을 이런 대규모 행사나 경매에 참가해 50만 달러를 주고 사려고 한다. 그들은 이 방면에 전문가이며, 영리할 정도로 시장을 잘 꿰뚫고 있다."

사실, 단지 과시하기 위해서 열 배나 비싼 값을 치른다는 것은 영리하기는커녕 멍청한 짓같이 보인다. 그들이 구매하는 것이 미술품이 아니라 그것을 사는 과정이라는 사실을 깨닫기 전까지는. 저명한 미술품 딜러 루시 미첼 인스(Lucy Mitchell-Innes)가 『타임스』와의 인터뷰에서 한 얘기를 들어보자.

"사람들이 미술 작품을 사는 이유는 친구들이 그렇게 하기 때문이다. 만일 그것이 특이한 행동이고, 다른 누구도 그렇게 하지 않는다면 별로 매력적인 행위가 되지 못할 것이다."

부자들만이 스토리를 전달하는 특권을 얻기 위해 다투는 것은 아니다. 좋은 도메인을 차지하기 위해 높은 값을 부르는 기업들, 그리고 1달러짜리 자선 팔찌를 사려고 줄을 서는 소비자들에게서도 똑같은 모습을 찾아볼 수 있다.

당신이 K마트에서 3달러짜리 양말을 팔든, 마이애미에서 300만 달러짜리 그림을 팔든, 중요한 것은 사람들은 대부분 남들이 사는 것을 사고 싶어 한다는 사실이다.

다음으로 중요한 두 가지 세계관

1. "고장 나지 않았으면 고치지 마라."

수많은 효과적 해결 방안이 실행되기까지 영원의 시간이 걸리는 이유는 변화에 대한 두려움이 현재의 상태를 유지하는 데 따르는 어려움보다 더 크기 때문이다. 달리 표현하자면, 심장마비나 당뇨에 걸리기 전까지는 다이어트를 시작하기가 어렵다는 말이다.

이것이야말로 마케터를 좌절시키는 최악의 세계관이다. 당신은 당신의 상품에 자신이 있고, 그것이 사람들에게 도움을 주리라는 사실도 안다. 그런데도 사람들은 그 상품에 관심 가지길 거부하고 구매할 생각조차 하지 않는 것이다.

이에 대한 한 가지 해결책은 당신의 상품을 좀 더 쉽게 사용해 볼 수 있도록 재구성하는 것이다. 세일즈포스닷컴(Salesforce. com. 세계 최대의 온라인 고객 관리 서비스 업체-옮긴이)은 인터넷을 통해 자동 판매 소프트웨어를 디맨드온 방식으로 제공함으로써 성공한 회사다. 고장 나지도 않은 것을 바꾸기 위해 수천, 수만 달러짜리 소프트웨어를 사라고 하는 대신, 세일즈포스닷컴 영업사원들은 '월 단위 서비스'라는 좀 더 작은 결정을 얻어내기로 했다.

또 하나의 해결책은 '고장을 내는 것'이다. 만일 당신의 제품이(혹은 마케팅이) 기존의 시스템을 파괴한다면 소비자는 당신의 제품을 살 수밖에 없다―아니면 적어도 관심을 갖거나 선택을 고려할 것이다. 이메일이 바로 그런 경우다. 당신의 고객과 주위 사람들이 이메일을 사용하게 되자, 전에는 만족스럽던 커뮤니케이션 수단들(팩스 같은)이 불편해졌고, 따라서 당신도 이메일을 사용하지 않을 수 없게 된 것이다.

2. "나는 당신과 일하는 게 좋아요."

퍼미션 마케팅과 일대일 마케팅이 큰 효과를 거둔 이유는 스팸 메일의 비윤리적인 측면과는 아무런 관련이 없다. 다만 그 기술이 유사한 세계관을 가진 사람들을 한데 묶어주었기 때문에 성공한 것이다. 당신이 지금 말을 건네고 있는 사람들은 당신과 함께 일을 벌일 수 있는 성향을 가진 고객, 또는 잠재 고객들이다.

만일 누군가가 데일리캔디닷컴(Dailycandy.com. 패션·음식·문화·오락 등에 관한 최신 정보를 제공하는 미국 사이트 – 옮긴이)의 이메일 서비스에 가입했다면, 그 사람은 자신의 세계관을 명확히 표현한 셈이다. 따라서 이 사이트는 한결 쉽게 고객과 의사소통을 하게 된다. 왜냐하면 고객들이 귀 기울일 만한 방식으로 메시지의 틀을 설정할 수 있기 때문이다.

그렇다면 당신은 이런 세계관을 가진 사람들에게 어떤 보상을 해줄 것인가? 그들이 입소문을 퍼뜨리는 데 어떤 도움을 줄 수 있을까?

프레임 작동시키기

어느 날 당신의 상사가 '무슨 무슨 칩'이라는 새로운 종류의 짭
짤한 스낵을 홍보하라고 지시를 내렸다고 가정해 보자.

기존의 방식대로라면, 당신은 먼저 타깃 시장을 설정하고 그
시장에 효과적으로 작용할 매체를 찾고, 광고를 제작해 뿌릴
것이다. 배정된 광고비를 지불하고, 눈에 띄는 밝은 색 포장에
담긴 칩을 같은 종류의 상품들이 놓인 진열대에 배치할 것이
다. 어쩌면 할인 쿠폰도 발행할지 모르지.

그렇지만 말이다, 세계관을 토대로 한 마케팅은 접근 방식이
좀 달라야 한다.

슈퍼마켓의 과자 진열대는 비슷한 상품들로 꽉 차 있고, 타깃
소비자들이 새로운 상품을 알아차리는 데는 한계가 있다. 따라
서 당신은 새로운 방식의 새로운 스토리에 귀 기울일 만한 소
비자층을 구분해 내는 것부터 다시 시작해야 한다. 우리는 "소
금기가 많은 스낵은 건강에 좋지 않으니 내 아이들에게는 먹일
수 없어"라고 생각하는 엄마들을 선택하기로 한다.

이런 엄마들은 슈퍼마켓 스낵류 코너에는 얼씬도 하지 않는
다. 스낵류 광고에는 눈도 돌리지 않는다. 과연 이들에게 희망을
걸 수 있을까? 그러나 만일 당신이 이들에게 적절한 스토리를 들
려줄 수만 있다면, 시장은 고스란히 당신 몫이 될 수도 있다.

자, 이제 스토리를 만들어볼까? 우리의 'ㅇㅇ칩'은 감자가 아
니라 콩으로 만든 것이다. 유전자 변형 재료를 사용하지 않았

고 유기농이며 저지방이다. 또한 나트륨 대신 소량의 바닷소금으로 맛을 냈다. 봉지가 아니라 박스 포장을 하고, 절대 스낵 진열대에 비치하지 않는다. 대신, 비용을 더 지불하고라도 농산물 코너에 진열한다.

자, 당신은 완전히 새로운 스토리를 들려주고 있다. 당신이 타깃으로 삼은 소비자들의 세계관에 부합할 만한 프레임을 사용하면서. 제대로만 한다면, 뭔가 달라졌다는 사실을 소비자들이 깨닫고 당신의 스토리에 따라 한번쯤 시도를 해볼 수도 있는 흔치 않은 기회가 주어질 것이다. 이 모든 일을 훌륭히 해낼 수만 있다면 그들은 변화를 눈치 채고 당신의 스토리를 한번쯤 시도해 볼 것이다. 게다가 맛까지 좋다면(그래서 아이들에게서 과자를 빼앗는 엄마들의 가벼운 죄책감을 조금이라도 덜어준다면!) 엄마들을 전향시키는 데 성공을 거둘 것이 분명하다.

물론, 이런 세계관을 가진 엄마들을 하나의 결집력을 가진 공동체로 볼 수는 없다. 하지만 그들도 엄마는 엄마다. 그리고 엄마들은 서로 이야기 나누기를 좋아한다. 당신이 타깃으로 삼은 엄마들은 아이들의 생일 파티에서 그 스낵을 내놓기도 하고, 도시락과 함께 학교로 들려 보내기도 할 것이다. 다음번 동네 모임에서 "우리 아이가 그 과자를 얼마나 좋아하는지 몰라요."라고 이야기할지도 모른다. 그렇게 해서 스토리는 퍼져나가고, 얼마 안 있어 세계관이 다른 사람들까지도 그 스낵을 찾게 될지도 모른다. 그러면 당신은 곧 그 스낵을 과자 진열대로 옮길 수 있다. 왜냐하면 당신은 이미 스토리를 공유하는 데 성공했고, 이제 청중은 당신을 따라다닐 것이기 때문에.

Step 1 Key Point!

소비자들은 누구나 자기 나름의 세계관을 가지며, 그 세계관은 당신이 상품을 판매하는 데 영향을 미친다. 소비자의 세계관은 당신의 모든 말과 행동을 독자적으로 해석하도록 만든다. 그들의 세계관에 맞추어 스토리의 틀을 짜라. 그러면 당신의 이야기가 그들에게 들리게 될 것이다.

Step 2

**사람들은
오직 새로운 것에만
주목하고 궁금해한다**

All Marketers Are Liars

당신이 목표로 하는 모든 사람들에게 사소한 것까지 모두, 그
것도 즉시 전달한다는 것은 불가능한 일이다. 그렇기 때문에
마케터는 스토리를 만들어내는 것이다. 그리고 그 스토리를 포
장이나 광고를 통해, 또는 직접적인 이야기를 통해 전달한다.
때로는 미소로 전달하기도 하고 빌딩 전면의 광고판을 통해 전
달하기도 한다. 이러한 스토리는 대개 목적에 맞게 잘 설계되
어 있으며 모든 것을 다 전달하려고 시도하기도 한다. 그러나
한 개인이 마침내 그것을 접하게 되었을 때, 그는 그만의 독자
적인 방식으로 해석하려고 한다. 그래서 그는 스스로에게 거짓

말을 들려주고, 자세히 알아보려고 하지도 않은 채 판단을 내려버린다. 이렇게 볼 때 최고의 마케팅 기술은 획기적이고 이해하기 쉬우며 잘 퍼질 것 같은, 그렇지만 간단한 스토리를 만들어 퍼뜨리는 것이다. 그리고 게임의 규칙이 계속해서 변하기 때문에 전술도 따라서 늘 변해야 한다.

내가 이런 말을 쓴다는 사실이 나 자신도 놀랍기는 하지만, 이 책의 목적은 따지고 보면 당신이 좀 '덜' 이성적이 되도록 설득하는 것이다. 당신의 아이디어를 순식간에 성공시킬 공식 따위를 찾는 일은 이제 포기하기 바란다. 최고의 마케터가 되려면 과학자가 아니라 예술가가 되어야 한다. 종교든 선거 후보든 공산품이든 서비스든 간에, 잘 팔리는 것들은 모두 정서적 욕구를 불러일으키기 때문에 팔리는 것이지 단순히 필요를 충족시키기 때문이 아니라는 사실을 유능한 마케터는 잘 알고 있다. 마케터는 모든 성공 스토리에 공통적으로 들어 있는 요소를 알아내야만 비로소 성공할 수 있다.

주디 갈런드의 전설적인 말마따나 "여러분! 쇼를 시작할까요?"

당신의 뇌는 어떻게 작동할까

위대한 스토리를 만들고 싶다면, 먼저 그 스토리를 들을 우리의 뇌에 대해 알아야 한다.

제품을 개발하든 서비스를 홍보하든 혹은 비영리단체를 운영하든 간에, 당신은 아이디어를 퍼뜨려야만 승자가 될 수 있다. 만일 당신의 아이디어가 입에서 입을 타고 퍼져나간다면, 당신의 영향력은 커지고 따라서 모든 일이 손쉬워질 것이다. 나는 이처럼 잘 퍼져나가는 아이디어를 '아이디어바이러스(ideavirus)'라고 부른다. 주위 사람들이 모두 당신의 아이디어를 알게 된다면 당신은 성공한 것이다.

아이디어는 그것이 활동할 공간이 없다면 아무런 쓸모도 없다. 책이나 화이트보드에 적힌 아이디어는 아무런 영향력이 없다. 바이러스와 마찬가지로, 아이디어도 숙주가 필요하다. 그것이 바로 뇌다.

바이러스는 이 숙주에서 저 숙주로 옮겨가면서 공동체 전체에 퍼진다. 전염병 통제 센터에서 생물학적 바이러스를 연구하는 과학자들은 무엇보다도 먼저 숙주(당신과 나 같은)가 바이러스와 어떻게 상호작용하는지부터 밝혀내야 한다.

아이디어 바이러스도 마찬가지다. 하지만 이 경우에는 신체가 병균에게 어떻게 반응하는가 추적하는 대신 우리의 뇌가 아이디어를 만나면 어떻게 반응하는지 이해해야 한다.

뇌의 기능에 관한 최근의 연구는 우리가 날마다 엄청난 양의 정보를 처리할 수 있도록 해주는 뇌의 네 가지 방식에 초점을 맞추고 있다.

차이점 찾기 어떤 대상을 처음으로 맞닥뜨렸을 때 우리는 그것을 현재의 상황과 비교한다. 만일 그것이 별로 새롭지 않으면 무시해 버린다.

인과관계 찾기 일단 무언가에 관심을 기울이기로 결정하면, 우리의 뇌는 그 일이 어떻게 일어났을지 생각해 내는 일에 착수한다. 가령 유리창이 깨졌을 때, 우리는 바닥에서 골프공을 찾는다. 그리고 그 즉시 이 일이 어떻게 일어났는지에 대한 법칙이나 이론을 세운다.

예측장치 사용하기 다음 단계는 예측이다. 다음에는 무슨 일이 발생할지 예측해 본다. 만약 우리의 예측이 들어맞는다면, 외부로부터의 충격은 끝을 맺고 뇌는 안정을 찾으며 다시 사물을 무시하기 시작한다.

인지 부조화에 의지하기 일단 어떤 결정을 내리거나 인과관계에 대한 가정, 또는 앞으로 일어날 일에 대해 예측하고 나면, 그 때부터는 거기에 집착한다. 그리고 그 상태에서 기존의 데이터와 모순되는 것은 다 무시하며 오로지 우리의 의견과 일치하는 사건에만 초점을 맞춘다.

차이점 찾기 : 파리를 잡는 개구리

황소개구리의 뇌의 무게는 24그램 정도이다. 그렇다면 인간의 뇌는? 약 60배 더 무겁다. 보통의 개구리라면 10그램 정도밖에는 나가지 않을 것이다. 이렇게 볼 때 인간이 개구리에 비해서 월등한 두뇌 능력을 가진 것은 분명하다.

우리의 뇌는 눈을 통해 들어온 정보에 반응하는 일에 놀라울 정도로 많은 부분을 할애하고 있다. 본다는 것은 힘든 일이며, 방금 본 것에 재빨리 반응하는 것은 뇌조직 중에서 불균형하리만치 많은 부분을 사용하는 일이다.

진화 과정에서 인간의 두뇌 능력에 그렇게 많은 투자를 했음에도, 그렇게 많은 뇌세포가 우리의 눈과 시각 정보 처리에 헌신했음에도, 공중에 날아다니는 파리를 혀로 잡을 수 있는 인간은 거의 없다.

하지만 개구리는, 그 일을 매일같이 한다.

어떻게 개구리는 그렇게 작은 뇌를 가지고도 그런 일을 해내는 것일까? 어떻게 개구리는 그렇게 보잘것없는 뇌를 가지고도 파리를 발견하고, 뒤쫓고, 혀로 겨냥하여 쏘고, 마침내 그것을 낚아챌 수 있을까? 그것도 일 초도 채 안 되는 시간에.

개구리는 파리 사냥에 맞게 자기의 뇌를 최적화한 것이다. 개구리가 움직이지 않는 물체를 보지 못한다는 사실은 이미 잘 알려져 있다. 죽은 지 얼마 안 된 파리가 주변에 지천으로 널려 있어도 개구리는 굶어 죽을 수 있다. 바로 몇 센티미터 앞에 그렇게 영양가 풍부한 먹이가 있다는 사실도 모른 채. 그러면서도 한편으로 공중에 있는 파리는 인간보다 훨씬 빠르게 혀로 잡을 수 있다.

개구리의 비밀? 오직 주위의 변화에만 집중하는 것이다. 개구리는 오직 한 가지 일만을 잘할 수 있는 뇌를 가졌으며, 그것이 바로 공중에서 움직이는 곤충을 찾아내는 일이다. 변화하지 않는 주변 환경은 무시하고 오직 새로운 것에만 집중함으로써 적어도 파리를 잡는 일에는 인간보다 훨씬 더 효율적으로 움직일 수 있는 것이다.

그런데 인간 역시 그와 비슷한 전략을 생각보다 훨씬 자주 사용한다. 물론, 파리를 잡기 위해서가 아니라 우리가 날마다 맞닥뜨리는 방대한 정보량을 따라잡기 위해서다. 자동차의 주행기록계가 999에서 1,000으로 바뀌는 순간을 목격한 적이 있는가? 그 전까지는 기록계에 눈길을 준 기억조차 없겠지만, 이상한 우연의 일치로 바로 그 순간을 목격하게 되는 것이다. 그러나 그것은 결코 우연이 아니다.

우리는 끊임없이 우리를 둘러싼 세상의 변화를 주시한다. 집안에 들어서면 순간적으로 변화를 눈치 챈다. 계속해서 수십 번 시계를 쳐다보면서도 몇 시인지 의식하지 못하다가, 약속에 늦었다는 사실을 알아챈 순간 시간이라는 정보가 의식의 전면으로 튀어오른다.

그렇다. 우리도 개구리와 다를 바 없다. 우리 역시 그 무엇보다도 변화에 민감하다. 물론, 그렇다고 파리를 잡지는 못한다.

그러나 새로운 맥주가 나오거나 우체부가 이발을 한 사실은 한 눈에 알아챌 수 있다.

인과관계 찾기 : 고장 난 아이팟

모든 일에는 이유가 있다. 그렇지 않은가? 당신은 의식적으로 내 말에 동의하지 않을지 몰라도 아마 당신 뇌는 동의할 것이다.

　미신을 그럴듯하게 보이도록 만드는 능력은 우리 뇌의 위대한 능력 중 하나다. 내다수의 나른 생물들(그리고 대부분의 컴퓨터)과는 달리, 인간은 자신에게 일어난 일을 설명하기 위해 어떤 이론을 찾으려고 애쓴다.

　『뉴욕 타임스』는 최근 기사에서 자기 아이팟의 셔플 기능이 고장 났다고 믿는 것만 빼면 지극히 이성적이고 지적인 사람들을 언급했다. 셔플이란 음악을 무작위(random)로 플레이하는 기능이다. 이들은 자신의 아이팟이 특정 곡을 몇 번이고 반복해서 플레이하는 것을 보고 뭔가가 잘못되었다고 확신했다. 이들에게는 아이팟이 무작위로 곡을 선택하는 것이 아니라 어떤 곡을 특별히 선호하는 것처럼 보였다.

　내 아이팟의 곡별 재생 횟수를 살펴보면 이게 무슨 일인지 금방 알 수 있다. 어떤 곡은 다른 곡에 비해 열 배는 자주 재생된다. 하지만 당연한 일이다. 그게 바로 '무작위'의 본질이니까.

무작위라는 것은 완전히 평등한 것을 의미하는 게 아니다. 아니, 그런 것과는 거리가 멀다.

그럼에도 이들 미신적인 아이팟 사용자들은 그들의 mp3 플레이어가 무엇을 좋아하는지(그리고 좋아하지 않는지)에 대해 결정을 내렸다. 일개 기계에 인간성을 부여한 것이다. 그리고 특정 곡이 들려올 때마다 이런 말을 마음속에 새겼다. "아하! 이것봐. 이 녀석, 팻보이 슬림(Fatboy Slim)을 좋아한다니까. 또 나오잖아." 물론 이들은 자주 선택되지 않는 노래가 나올 때에는 그 사실을 가볍게 무시한다.

이것이 바로 우리가 사다리 밑으로 지나가길 꺼리거나 토끼발이 행운을 가져다준다고 믿는 이유이다. 우리는 사물에 대해 추측하며, 그 추측이 얼마나 잘 들어맞는지에 관심의 초점을 모은다(그리고 얼마나 자주 틀리는지는 곧 잊어버린다).

2004년 11월, 다이애너 듀이저(Diana Duyser)는 구운 치즈 샌드위치를 판매한다는 글을 이베이에 올렸다. 이 샌드위치 사진을 잘 보면 빵의 탄 부분에 성모 마리아 얼굴처럼 생긴 게 보인다. 20만 명 이상이 이베이에 있는 그녀의 게시물을 방문했으며, 대략 2만 8천 달러어치의 샌드위치가 팔려나갔다. 우리는 여기서 이 샌드위치를 판매하기 시작한 지 10년도 더 되었다는 사실을 상기해야 한다! 어떤 사람은 내게 그 샌드위치가 속임수가 아니냐고 묻기도 했다. 속임수라니? 대체 뭘 속였단 말인가? 누가 그 구운 치즈 샌드위치에 진짜로, 정말로, 진실로 성모 마리아의 얼굴이 찍혀 있다고 하기라도 했는가? 얼굴을 창조해 낸 것은 성실한 우리의 뇌세포들이다. 우리의 뇌는 항상 우리가 본 것에 대해 구조와 스토리, 그리고 설명을 찾아내느라 바쁘다.

우리의 뇌는 무작위성을 참지 못하기 때문에 우리는 항상 아무 의미도 없는 일을 설명하고 싶어 한다. 어떤 일이 우연히 일어나면, 사람들은 자신만의 거짓말을 지어내기 시작한다.

예측 장치 사용하기 : 추측 놀이

중간에 철자가 몇 ㅣ 빠진다 ㅎ도, 글으 읽ㄱ는 놀라우 ㅈ도로 쉽다.

어떤 정보를 접했을 때 우리는 과연 무슨 일이 벌어지고 있는가에 관한 이론을 세우려고 안간힘을 쓴다. 데이터의 빠진 부분을 채워가면서 그 의미를 파악하려고 추측한다. 그 추측이 그럴듯하다고 생각되면 일단 만족하고 마음을 놓는다. 당신은 아마도 철자가 일부 빠진 앞의 문단을 읽는 데 큰 어려움이 없었을 것이다. 하지만 다음 문장을 한번 읽어보라.

"이 ㅁㄴ자_ㅐ의 ㅎㅂㄹ."

혹시 좌절하며 포기하지는 않았는가? 추측해 보려는 전략이 통하지 않는다는 것은 심히 짜증스러운 일이다. 우리는 추측할 수 있길 바라고 또 그 추측이 들어맞길 바란다. 그리고 그 추측은 우리 자신의 세계관에서 지대한 영향을 받는다.

인지 부조화에 의지하기 :
싫어하는 대통령, 좋아하는 대통령

세 명의 미국 대통령을 생각해 보자. 케네디, 닉슨, 그리고 클린턴. 틀림없이 당신은 이 세 전직 대통령에 대해 어떤 확고한 의견을 가지고 있을 것이다. 싫어하거나, 아니면 좋아하거나.

그런데 이 세 사람은 재임 기간에 우여곡절을 많이 겪었다는 공통점이 있다. 셋 다 위대하고 영웅적인 업적을 남겼으며 동시에 매우 수치스럽고 미국민에게 상처를 주는 일을 하기도 했다. 어떻게 한 사람의 뇌 속에 이런 상반된 생각이 자리 잡을 수 있을까?

어떤 사건이나 심지어 신체적인 특징을 근거로 당신은 이들 각자에 대해 나름의 판단을 내렸을 것이다. 그 후 좀 더 많은 데이터를 접하게 되면서, 당신은 자신의 견해를 뒷받침하고 심지어 강화하기 위해 스토리를 끌어들였다(닉슨은 우리를 속였을 뿐만 아니라, 베트남에 대해서도 거짓말을 했단 말이야!). 그리고 자신의 추측과 반대되는 스토리는 무시해 버렸다.

연구에 의하면 제품과 서비스에 대한 소비자들의 반응 역시 이와 거의 흡사하다고 한다. 코카콜라와 펩시콜라의 내용물을 맞바꾼 후 맛에 대한 비교 실험을 해보자. 사람들은 콜라 맛보다는 자신이 선호하는 브랜드를 기준으로 선택할 확률이 높다. 자, 이제부터 하는 이야기는 좀 헷갈릴지도 모르니 잘 들어보기 바란다. 어떤 사람은 코카콜라를 더 좋아함에도 불구하고

(펩시콜라가 든) 코카콜라 캔을 집어 든다. 사람들은 캔을 마시는 것이지 음료수를 마시는 것이 아니다. 왜냐하면 사람은 자신의 처음 주장이 옳다는 것을 증명할 수 있는 방향으로 움직이기 때문이다.

만일 당신이 마케터라면 이것은 나쁜 뉴스인 동시에 좋은 뉴스이다. 적어도, 하버드 출신 면접관과 인터뷰를 하고 있는 하버드 졸업생에게는 좋은 뉴스다. 지원자가 설사 좀 멍청하더라도 면접관의 편견이 그의 손을 들어줄 테니 말이다. 그러나 손님의 전화에 불친절하게 응대하거나 태도가 나쁜 체크인 담당자를 동료로 둔 비행기 객실 승무원에게는 나쁜 뉴스임에 틀림없다.

바 라 는   대 로   얻 는 다

다발성 경화증은 도파민 부족 때문에 발생한다. 다발성 경화증에 대한 신약을 실험 중이던 의사들은 환자들의 뇌가 약을 투여받기 직전에 스스로 도파민을 생성한다는 사실을 발견하고 매우 놀랐다. 다시 말해, 이 강력한 신약에 대한 기대가 환자들이 스스로를 치료하게끔 만들었던 것이다.

이보다 좀 사소한 경우지만, 친절한 서비스로 손님들 사이에서 소문이 자자한 맨해튼 유니온 스퀘어의 한 레스토랑의 예를 들어보자. 이 레스토랑의 서비스가 좋기는 하다. 그러나 그렇게까지 유명하게 된 이유는 손님들이 심지어 자리에 앉기도 전부터 '이 식당은 듣던 대로 친절하다'고 자신을 설득하기 때문이다. 친절한 서비스를 받았던 일은 두고두고 기억되어 전해지고, 불쾌한 경험은 용서된다.

사람은 바라는 대로 얻는다. 왜냐하면 우리가 얻는 것은 우리 머릿속에 든 스토리에 따른 것이기 때문이다. 우리가 어떤 일이 일어나기를 바라면 뇌가 그것을 실현시킨다.

이런 사실을 염두에 둔다면, 사람들로 하여금 별로 새로울 것도, 남다를 것도 없는 것을 새롭고 특이하다고 믿도록 속임수를 쓰는 것은 매우 쉬운 일이다. 신빙성 없는 스토리를 파는 것도 어렵지 않다. 쉽다. 다만, 잠시 후 보게 되겠지만 망하는데 그보다 더 좋은 방법은 없다. 신뢰를 얻는 것이 관심을 얻는 것보다 중요하다.

> **Step 2 Key Point!**
> 사람들은 오직 새롭고 특이한 것에만 주목한다.
> 그리고 새로운 것을 발견한 순간, 앞으로 어떤 일이 벌어질지 추측하기 시작한다.

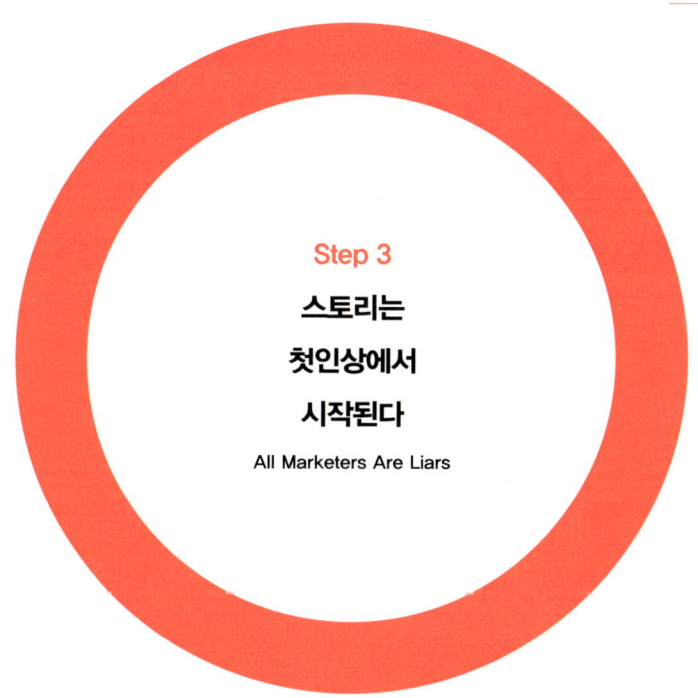

Step 3

**스토리는
첫인상에서
시작된다**

All Marketers Are Liars

우리 모두가 알고 있는 사실—중요한 구매 결정은 대부분 즉석에서 이루어진다. 우리가 하는 모든 일이 이런 순간적인 결정의 영향을 받으며, 일단 결정한 후에는 그것을 옹호하기 위해 안간힘을 쓴다.

판단은 몇 초 안에 이루어진다

뇌의 작용에 관한 앞의 글에서 보았듯이, 인간은 스토리 없이는 기능할 수 없다. 인간의 능력은 자기 앞에 놓인 모든 사실을 제대로 구분하기에는 역부족이다. 그래서 소비자들은 자신에게 벌어지고 있는 일들에 대해 이론을 세우고 그 이론을 열심히 다듬는다.

놀라운 사실은 그 과정이 순식간에 이루어진다는 것이다. 사람들은 판매원이나 영업사원, 책 표지, 또는 TV 쇼프로그램에 대해 불과 몇 초 만에 판단해 버린다. 특히 타인에 대해 평가할 때는 가히 무서울 정도다.

코끼리와 스타벅스

이 그림은 어떤 동물의 일부분이다. 이 작은 부분만으로도 당신은 코끼리의 코와 엄니, 거대한 발, 심지어 그 냄새까지도 쉽게 떠올릴 수 있을 것이다. 우리가 즉각적인 판단을 내리는 이유는 그래야만 외부 세계에 쉽게 대응할 수 있기 때문이다.

다음 그림을 보자.

보이는 것이라고는 세 개의 알파벳뿐, 그것도 일부만이다. 하지만 그 서체만으로도 당신은 가게 내부의 모습까지 한꺼번에

떠올릴 수 있을 것이다. 거기서 파는 커피의 종류뿐 아니라 어떤 의자가 놓여 있는가, 종업원이 손님을 어떤 식으로 응대하는가, 심지어는 에스프레소 기계가 내는 소리까지. 보지 않아도 충분히 상상할 수 있으리라.

중요한 것은, 당신은 '이' 코끼리를 한 번도 본 적이 없고, '이' 스타벅스 매장에 한 번도 들어가 본 적이 없지만, 이 작은 정보를 살짝 쳐다보는 것만으로도 수많은 추측을 할 의사와 능력을 가졌다는 점이다.

그대를 처음 본 순간

맬컴 글래드웰(Malcolm Gladwell)은 그 유명한 저서 『블링크(Blink)』에서, 인간은 별다른 정보도 없는 상태에서 결정을 내리며, 일단 결정을 내린 후에는 그것이 틀렸음을 증명할 수도 있는 정보를 무시하면서까지 자신의 결정을 고수한다고 말했다. 우리는 어떤 정치인이 나와 생각이 같다고 결정하고 나면 그가 말실수를 하든 잘못된 결정을 내리든, 심지어 기소를 당해도 별로 개의치 않는다. 우리는 이미 마음을 정했고, 그래서 첫 만남

이후에 일어나는 모든 일에 대해서는 장밋빛 안경을 끼고 바라볼 것이기 때문이다.

글래드웰에 따르면, 한 연구 결과 우리가 어떤 의사를 직무상 과실로 고소할 때 그 이유가 사실은 의사의 부주의나 태만 때문이 아니라는 것이 밝혀졌다고 한다. 모든 것은 그들이 진찰실에 있는 단 몇 분 동안 의사가 환자에게 어떤 대우를 했느냐에 달려 있다는 것이다. 이것은 곧, 만일 일이 잘못되면 의사를 고소할 것인지 여부를 수술 전에 이미 결정한다는 것을 뜻한다.

이 일의 심각성이 충격적으로 다가올지도 모르지만, 이것이 주는 교훈은 그리 새로운 것이 아니다. 우리 조상들이 정글에서 생존할 수 있는 길은 빠르고 정확한 판단을 내리는 것뿐이었다. 저 앞에 다가오는 네안데르탈인이 적인지 친구인지 판단하는 데 하루, 혹은 일주일이 걸린다면 살아남을 수 있겠는가. 우리는 조상의 그 빠르고 정확한 판단 능력을 유산으로 물려받았다.

동시에 인간은 자의식을 지닌 생물이기 때문에 자신의 판단을 옹호하려고 한다. 그래서 우리의 상사들은 자기가 옳았다고 죽도록 우기는 것이고, 우리 또한 그렇다. 그러기 위해 우리는 최초의 판단에 부합하도록 지각(知覺)을 왜곡한다.

면접을 본(혹은 면접관의 입장이 되어본) 적이 있다면 순간적인 판단이 내려지는 것을 생생히 경험했을 것이다. 면접은 대개 5분 안에 끝난다. 면접관이 당신을 채용하기로 일단 결정을 내렸다면 대화의 나머지 부분은 그 결정을 확인하는 역할을 할 뿐이다. 반대로 잠시 얘기해 본 후 탈락시키기로 결정했을 경우, 이후의 대화는 그 사실을 숨기기 위한 예의 바른 행동일 뿐이다.

단체 미팅이 효과를 거두는 것도 바로 이런 이유에서다. 예순 명이나 되는 사람이 술집에 모여, 여자들은 테이블에 앉고 남자들은 약 한 시간 동안 테이블을 돌면서 잠깐씩 얘기를 나눈 후 상대를 결정한다. 평생의 반려자는커녕 하루 데이트 상대를 고르는 데도 적당치 않은 방법이라고? 그럴지도 모른다. 하지만 우리가 어떤 결정을 내리는 방식도 이것과 완전히 똑같다.

그래서 횡령범들이 들키지 않고 그토록 직장을 오래 다닐 수 있는 것이다. 공약을 실천하지 않는 정치인에게 계속 신뢰를 보내는 것도, 미신을 믿는 것도 다 그런 이유에서다.

라디오를 켜면 정치 토론에서 큰 소리로 상대방을 공격하고, 공격하고, 또 공격하는 것을 들을 수 있을 것이다. 비난받아야 마땅할 짓을 했다고 성토한다. 자기 편 사람들도 그와 똑같은 짓을, 아니 더 심한 짓을 한다는 사실은 무시한 채. 이것은 새로운 현상이 아니다. 자신의 순간적인 판단을 정당화하기 위한 인간의 이 같은 행위는 천 년도 넘게 계속되어 왔다.

소비자들은 '선택'이라는 잔인한 공격에서 살아남기 위해 순간적인 판단을 내린다. 상대방의 겉모습과 말하는 방식, 냄새, 태도, 옷차림 등으로 불과 몇 초 만에 그 사람에 대해 파악하는 것처럼, 그들은 상품의 포장과 가격, 종업원의 유니폼, 조명, 가게 위치, 흐르는 음악을 근거로 곧장 결론에 다다른다. 물론, 그 결론에 반하는 정보도 종종 눈에 띈다. 그리고 무시된다.

각각의 스토리의 단편들이 순식간에 하나로 모여 완성된 스토리가 된다. 그 스토리가 좀 혼란스럽거나, 스스로 모순된 점이 있거나, 도저히 있을 수 없는 일이라고 생각되면 소비자는 당황하며 그 스토리를 무시해 버린다. 하지만 만일 스토리가 마음을 잡아당기고, 인간의 기본적 욕구인 공포나 권력, 인정 같은 것을 풍부히 담고 있다면 그 즉시 마음속에 받아들일 것이다.

당신이 항상 명심할 것은 소비자가 스토리를 받아들이고 퍼뜨리는 것이 그들의 세계관에 달렸다는 사실이다. 가끔은 아주 강력한 상품이 탄생해 우리의 세계관을 바꾸어놓기도 한다. 그러나 너무 기대하지는 말지어다.

첫 인 상 의   신 화

판단이 불과 몇 초 안에 이루어진다는 사실을 알고 나면, 무조건 완벽한 첫인상을 주어야 한다는 강박관념의 희생자가 되기 쉽다. 하긴, 첫인상을 줄 기회는 딱 한 번밖에 없으니 그럴 수도 있겠지. 성공을 앞당기기 위해서는 옷을 말쑥하게 차려입고 가게 앞을 깨끗이 정돈하고 전화벨이 울리자마자 친절하게 받아야 한다. 첫 판단은 중요하니까.

그런데 여기에 한 가지 문제가 있다. 99퍼센트의 경우 첫인상은 '진짜 인상'이 아니다!

광고에 기대를 걸어볼 수도 있겠지만, 아마 대부분 외면들 할 것이다. 999달러짜리 양복을 입을 수도 있겠지만, 알아보는 사람이 거의 없다. 로고나 유니폼, 가게 위치, 가격, 전화 교환원, 매장의 향기 등에 투자할 수도 있겠지만, 대개의 고객은 당신과 몇 마디 이야기를 나눈 후 가게를 나가버리고 이후로는 그런 것들을 기억도 못할 것이다.

첫인상이 중요하지 않다는 게 아니다(첫인상은 중요하다! 절대적으로!). 문제는 첫인상이 일어나는 순간 나 자신이 그것을 지각하지 못한다는 것이다. '첫 만남'이 아니라 '첫인상' 말이다.

그러므로 진정성이 중요하다.

당신의 스토리가 한 점 흠 없는 완벽한 진실이어야 한다는 것이 아니다. 그것이 좋은 스토리고 소비자의 세계관과 일치한다면 소비자는 스토리를 받아들이고 거기에 담긴 거짓말을 믿을 것이다. 진정성이 중요한 이유는, 소비자가 스토리의 어떤 부분을 택해 스스로에게 이야기를 들려주는 데 사용할 지 우리가 알 수 없기 때문이다.

간판이 멋지고 좋은 위치에 있는 상점이라 할지라도 점원들이 불친절하고 제품이 별로라면 당신의 스토리는 일관성이 없는 것이다. 비즈니스나 기업이 진정성을 가져야만 스토리가 일관성을 가지고 수많은 사람들을 설득할 수 있다.

다시 한 번 강조한다.

1. 순간적인 판단은 믿을 수 없을 정도로 강력한 힘을 발휘한다.

2. 사람들은 자신들의 첫인상을 옹호하기 위해 별짓을 다한다.

3. 당신이 원하든 원치 않든 간에 소비자들은 즉각적인 판단을 내린다.

4. 사람들이 자신의 순간적인 판단을 옹호하기 위해 사용하는 방법 중 하나는 다른 사람들에게 그것을 이야기하는 것이다.

5. 당신은 스토리의 어떤 부분이 중요한 첫인상을 이끌어낼지 알지 못한다.

6. 진정성 있는 사람이나 기업은 그들이 바라는 스토리가 소비자들에게 퍼져 믿음을 주고 확대 재생산될 가능성이 크다.

간판이나 광고 문구, 웹 사이트에 시간과 돈을 전적으로 쏟아붓는 것은 핵심을 벗어난 행위다. 소비자와 맞닿는 부분이라면 무엇이든 중요하지 않은 것이 없다. 당신에게 일관성과 진정성이 부족하다면 당신의 스토리가 퍼져나가는 데 중요한 작용을 할 첫인상의 타이밍을 맞추기는 매우 어렵다. 정리하자면, 첫인상이 일어날 수 있는 모든 부분에 최선을 다하고 소비자들이 그것을 일관성 있는 이야기로 구성할 수 있도록 만든다면 당신은 성공할 것이다.

미신이 중요한 이유

간단히 말해 미신이란 순간적인 판단에 근거한 잘못된 이론일 뿐이다. 나쁜 첫인상은 정확하지 않은 스토리, 즉 미신을 만들어 낸다. 우리는 그것을 스스로에게 들려주고 믿는다.

사람들은 당신이 마케팅하는 제품에 대해서도 미신을 가진다. 당신은 그 미신을 무시할 수도, 정면으로 대항할 수도 있지만 이 두 방법에는 모두 대가가 따른다. 그렇다면 선택은 한 가지뿐이다. 매우 특이하고 강력한 대인 작용을 통해 상대방이 스스로에게 전혀 다른 스토리를 들려주도록 만드는 것이다.

이떤 고객이 호텔 예약 담당 직원과 통화하면서 큰 불쾌감을 느꼈다고 하자. 그는 호텔에 도착한 후 만나게 되는 모든 직원들의 서비스가 못마땅하게 느껴질 것이다. 대책은? 비싼 카펫을 깔아준다? 요금을 할인해 준다? 침대 매트리스를 좋은 것으로 교체해 준다? 다 틀렸다. 유일한 해결책은 친절하고 공손한 직원이 이 불만에 찬 고객과 따뜻하고 인간적인 상호작용을 나누는 것이다.

미신을 제거하는 가장 강력한 해독제는 객관적인 '사실'이 아니라, 강력하고 진정이 깃든 인간적인 상호작용이다. 그러므로 선거 입후보자들은 지금도 여전히 악수를 하며 돌아다니고 아마존이 그렇게 큰 성공을 거두었는데도 소매상이 사라지지 않고 여전히 남아 있는 것이다.

재활용 스토리

재활용이 우리가 믿는 것처럼 잘 이루어지지 않는다는 사실을 알게 되면 사람들은 매우 흥분한다. 심지어 SUV를 몰거나 일회용 참치 캔을 애용하는 사람들도 그 푸른색 재활용 상자가 단지 요식적인 행위에 불과하며 실제로 우리의 쓰레기 문제에 기여하는 바가 없다는 사실이 밝혀지면 크게 화를 낸다.

재활용이 대부분의 사람들이 생각하는 것처럼 돈과 자원을 절약해 주지 못한다는 것은 이미 사실로 드러났다. 대개는 그렇게 해서 절약되는 돈보다 더 많은 비용이 든다. 쓰레기를 수거하고, 분류하고, 처리하는 데는 상당히 많은 비용이 들며, 특히 인구 밀도가 매우 높거나 반대로 아주 낮은 곳에서는 더욱 그렇다.

하지만 그래봤자 겨우 깡통 몇 개가 그냥 버려지는 것뿐인데, 왜 사람들이 그토록 흥분하는 것일까? 왜 재활용 계획이 백지화되면 탄원서를 내고 집회를 열고 시장에게 항의 전화를 하는 것일까?

그 이유는 자신들이 가지고 있는 세계관과 배치되기 때문이다. 재활용은 우리를 기분 좋게 만든다. 우리의 죄의식을 누그러뜨려준다. 우리가 다시 순수해졌다고 느끼게 해준다. 만일 사람들에게서 재활용을 빼앗아간다면, 현실을 똑바로 아는 것이 거짓말을 믿는 것보다 못할 수도 있다는 것을 상기시켜 주는 셈이 된다.

뉴욕 시가 재활용 정책을 폐지했을 때 뉴욕 시민들은 분개했다. 수천 명의 시민들이 깡통과 유리병 모으는 일을 계속했다. 쓰레기통에 그냥 던져버리기에는 양심상 너무 고통스러웠기 때문이다.

재활용이라는 거짓말은 미묘하고, 다면적이며, 깊숙이 뿌리 박혀 있다. 영원히 살아남는 브랜드를 구축하고 싶다면, 바로 이런 종류의 스토리를 생각해 내야 한다.

> **Step 3 Key Point!**
> 인간은 1초의 몇 분의 일밖에 안 되는 시간에 극도로 복잡한 판단을 내릴 수 있는 존재다. 그리고 일단 결론에 도달하면 그 후로는 바꾸길 거부한다.

Step 4

위대한 마케터들은 믿을 만한 스토리를 들려준다

All Marketers Are Liars

당 신 은   마 케 터 인 가 ?

아마 그럴 것이다.

퍼뜨리고 싶은 스토리를 가진 사람은 누구나 마케터다. 사람들을 당신이 다니는 교회로 인도하거나, 당신네 쪽 후보자가 당선되도록 만들거나, 당신에게 데이트를 신청하도록 하거나, 또는 일자리를 제안하게 해주는 등등의 여러 가지 스토리 말이다.

만일 당신이 사장이라면 직원들이 당신의 기대보다 일을 더많이 해주었으면 하고 바랄 것이다. 은행에 대출을 신청해 놓았다면 승인이 나길 바랄 것이다.

우리는 모두, 매일같이, 마케팅을 하고 있다. 우리들 중 어떤 사람은 형편없는 마케터일 것이며, 최악의 경우 자신이 그럴 수밖에 없도록 타고났다고 믿는 사람도 있을 것이다. 틀렸다. 당신은 다만 스토리텔링에 서투를 뿐이다. 아직까지는.

당 신 은   이   책 을   왜   샀 는 가 ?

정말로 이상한 일이다. 사람들은 책에 무슨 내용이 있는 지도 모르면서 책을 산다(그렇게 팔리는 책이 매년 수백만 권이다). 사실 책이 마음에 드는지 확실하게 판단하는 방법은 그것을 읽어보는 것뿐이다. 그리고 그 시점에서, 책을 살 필요는 없어진다.

책뿐만이 아니다. 사람들은 자동차나 난로, 혹은 집을 살 때도 그저 대충 훑어보고 결정한다. 대통령을 뽑을 때도 후보들에게 이런 제안을 하지는 않는다. "한 달 정도 시험 삼아 대통령 일을 해보겠소? 그럼 좀 알 수 있을 텐데……"

소비자들은 자신이 물건을 살 때 충분히 이성적이고 조심스러우며 사려 깊게 행동하는 척한다. 사실은 그렇지 않다.

그래서 스토리가 중요하다.

만일 당신이 이 책을 샀다면, 그건 당신이 이 책을 읽고 마음에 들어서가 아니다.

아마도 내가 전에 쓴 책을 읽었기 때문일 것이다.

아니면 동료가 추천했거나,

아니면 뒤표지를 읽고 비행기에서 읽으면 좋겠다고 생각했거나,

아니면 책꽂이에서 마주한 순간 무언가가 마음을 사로잡았거나,

아니면 당신이 이 책을 집어 들었을 때 점원이 존경스러운 눈빛으로 쳐다봤거나…….

수백 가지 이유가 있을 수 있겠지만, 그 어느 것도 이 책을 읽는 직접적인 경험과는 관련이 없다.

당신이 이 책을 산 이유는 스스로에게 들려줄 수 있었던 어떤 스토리 때문이다. 스토리 가운데는 허구인 것("사다리 밑으로 지나가면 재수가 없다.")도 있고 근거가 있는 것("환경청 등급으로 갤런당 50마일 이상인 자동차는 기름이 별로 안 든다.")도 있다.

그리고 사람들이 결정을 할 때 근거로 삼는 스토리는 아무리 그것이 사실을 기반으로 했다 하더라도 허점이 전혀 없을 수는 없다. 완전무결하게 진실인 스토리는 존재하지 않는다. 앨 고어는 자신이 인터넷을 발명했다고 말한 적이 없고 또 상식을 넘어 과장하는 성격도 아니지만, 그가 인터넷 구축을 선도했다는 소문은 그에게 호재로 작용했고, 수만 명이 그를 뽑기로 마음을 굳히는 결정적인 계기가 되었다. SUV는 실제로 스테이션왜건보다 안전한 차가 아니지만, 그 차가 말해 주는 스토리는 험한 길을 오를 때 매우 안전할 것이라고 확신하게 해준다. 당신이 회계 담당자로 고용한 사람은 악수할 때 보여준 믿음직한 태도와 그가 가져온 훌륭한 추천서로 볼 때 신뢰할 만하다고

생각되긴 하지만, 그가 당신의 재산을 횡령하지 않으리라고 확신할 수는 없다. 하지만 그는 당신의 눈을 똑바로 쳐다보았고, 그래서 당신은 그를 고용해도 좋겠다고 느꼈을 것이다. 안 그런가?

인 터 넷   세 계 에 서 의   스 토 리 텔 링

이렇게 말하기는 좀 뭣하지만, TV – 산업 복합체가 붕괴되었을 때 마케터들은 완전히 넋이 나갔다. 그들이 그렇게 공포에 휩싸인 이유는 마케팅=광고라는 환상 속에서 살아왔기 때문이었다. 광고가 통하지 않게 되자 그들은 어찌할 바를 몰랐다.

P&G를 비롯한 거대 광고주들은 텔레비전 광고와 비슷한 것들을 인터넷상에 내보내기 위해 수백만 달러를 소모했다. 그리고 얼마 안 가서 그들은 사람들이 광고를 보기 싫으면 그냥 삭제해 버릴 수도 있다는 사실을 깨달았다.

인터넷 세계에서 마케터가 성공할 수 있는 길은 매스 마케팅을 부활시키거나 강제로 볼 수밖에 없는 광고를 만들어내는 것이 아니다. 인터넷 세계에서는 복잡한 스토리를 텔레비전보다 한층 빠르고 효과적으로 전달할 수 있는 다양한 미디어 문화를 이용할 수 있다.

이제 우리는 마케팅=스토리텔링이라는 사실을 알고 있으며, 조직이 하는 모든 일은 스토리를 뒷받침한다는 사실도 안다.

그러므로 마케팅 부서의 '모든 사람들'과 회사는 사람들이 관심을 기울일 만한 스토리를 들려주어야 한다. 그렇지 않으면, 그들의 스토리는 곧 공중으로 사라져버린다.

대 통 령 으 로   선 출 되 는   방 법

2004년에 있었던 그 잔인한 대통령 선거는 정말 연구해 봄직한 사례다. 거기에는 세 가지 이유가 있다.

1. 전 세계 사람들이 익숙하게 느끼는 사건이다.
2. 수억 달러가 쓰였지만, 그중 최고의 성공과 최악의 실패를 거둔 선거운동에는 대개 한 푼도 들지 않은 것들이다.
3. 선거운동에 스토리텔링을 이용한 사례가 많았다.

어째서 존 케리는 이 선거에 1억 달러 이상의 비용을 쓰고도 거의 역사상 최악의 득표율을 기록하며 현직 대통령에게 졌을까? 대답은 간단하다. 그는 일관된 스토리, 기억하고 퍼뜨릴 만한 거짓말을 들려주지 못했기 때문이다.

중요한 결정이든 사소한 결정이든, 사람들이 결정을 내릴 때 근거로 삼는 것은 단 하나다. 그것은 '나는 무엇을 하려고 하는가'에 대해 스스로에게 들려주는 거짓말이다. 케리는 우리가 믿고 싶어 하는 스토리를 들려주는 데 실패했다. 그는 연설로 말하는 스토리가 아니라 그의 삶 속에 '살아 숨쉬는' 스토리, 그가 행하고 말하는 것들이 끊임없이 들려주는 스토리를 들려 주지 못했다. 정치가는 입는 옷에서부터 배우자, 보좌관에 이 르기까지 자신이 가진 모든 것을 통해 스토리를 들려준다. 후 보자들은 언론 보도나 연설 등을 통해 반응을 조정하려고 하기 도 하지만, 이제 그런 시도는 통하지 않는다. 조지 부시는 자신 이 강하고 확실하며 틀림이 없는 리더라는 스토리를 스스로의 삶을 통해 그를 좋아하는 사람과 싫어하는 사람 모두에게 보 여주었다. 반면 존 케리는 자신의 지성을 바탕으로 승리하려고 애썼지만, 그의 그 일관성 없고 불명확해 보이는 스토리를 믿 으려는 유권자가 거의 없었기 때문에 결국 지고 말았다.

모든 경쟁적인 시장과 마찬가지로 선거 시장 역시 이미 고정 된 세계관을 가진 소비자들로 가득하다. 그들은 자신이 선택한 것을 편향되게 옹호하고 그 외의 것은 무시하거나 심지어 중상 모략하기도 한다. 정치가들이 빠지기 쉬운 함정은, 상황이 이 러함에도 스스로에 대해 지나치게 확신한 나머지 오만하게도 사람들의 마음을 바꿀 수 있다고 믿는 것이다.

아쉽게도 유권자들은 다른 모든 소비자들과 마찬가지로 자 신이 틀렸다고 인정하기를 무척 싫어한다. 그들의 마음을 바꿀 수 있는 유일한 길은 유권자들이 반대 의견을 차단하기 위해 설치한 필터와 보호막을 어떻게든 뚫고 들어가 정말로 퍼져나 갈 만한 스토리를 들려주는 것이다. 오늘날과 같은 정치 환경 에서 스토리는 그 어느 때보다도 높은 가치를 지닌다.

2008년 미국 대선에 출마할 후보들을 위한 충고 한마디. 유권자들의 절반 정도는 전통적인 당파 전략적 스토리가 먹히지 않을 세계관을 지니고 있다. 그리고 세계관과 관련해서 가장 심각한 문제를 지닌 후보는 힐러리 클린턴이다. 왜냐하면 선거인단 중 다수가 이미 그녀에 관한 스토리를 스스로에게 말해버렸기 때문이다. 존 애슈크로프트 역시 마찬가지다. 그도 자신의 스토리로 많은 수의 선거인단을 설득하기는 어려울 것이다. 선거인단이 그에 대해 가지고 있는 세계관이 이미 고착되어 버렸기 때문이다. 좋은 조직과 충분한 자금만 있다면 어떤 후보라도 선거에서 이길 수 있다는 것이 정치계의 통념이다. 나는 그 말을 받아들일 수 없다. 아무리 돈을 많이 써도, 이미 결정을 내린 유권자의 마음을 돌리도록 설득할 수는 없다고 생각한다.

사람들에게 들리지도 않을 선거운동을 계획한다면, 당신은 시작하기 전에 이미 패배한 것이나 진배없다. 애슈크로프트나 힐러리가 선거에서 승리하는 유일한 길은 수백만 명의 마음을 변화시키는 것뿐이다. 그리고 이미 앞에서 보았듯, 사람들의 마음을 바꾼다는 것은, 사용하는 화장품 브랜드를 바꾸는 것처럼 아주 사소한 것일 경우에도 사실상 거의 불가능하다. 하물며 정치인에게는 더욱더 상상도 못할 일이다.

탈소비형 소비자

스토리는 소비자들이 꼭 필요하지 않은 것을 구입할 때 비로소 작용한다. 사람들은 꼭 필요한 물건(음식, 물, 집 같은)을 살 때는 그 물건의 본질적 기능에 집중한다. 배고픈 사람이라면 포장보다는 그 안에 든 음식 자체가 중요하다. 하지만 지금 우리 사회에서 그렇게까지 배가 고픈 경우는(다행스럽게도) 드물다.

오늘날 세계는 사상 유례 없이 부유해졌다. 미국에서는 아무리 가난한 사람이라도 컬러TV가 있다. 대부분이 꼭 필요한 것은 가졌다는 얘기다.

알리사는 생수를 한 병 사려고 한다. 목이 말라서가 아니다. 미국 어딜 가도 목마름 정도는 공짜로 해결할 수 있다. 그녀가 진짜로 '원하는'('필요한' 것이 아닌) 것은 간편함이나 마음의 평화, 또는 피지나 탄자니아에서 나온 물을 손에 들고 있다는 만족감이다. 그녀가 생수를 사는 이유는 필요하기 때문이 아니라 그것을 원하기 때문이다.

만일 소비자가 꼭 필요로 하는 것이 모두 충족되었다면 이제 남은 것은 그들이 '원하는 것'뿐이다. 그리고 그들이 원하는 상품을 사는 이유는 그것을 사면서 갖게 되는 그 어떤 느낌 때문이다.

이런 일은 기업이 상품을 구매할 경우에도 자주 일어난다. 기업 간(business to business) 거래에서 '제품의 우수성'이라는 신화도 마찬가지다. 비즈니스용 제품을 구매하는 이들은 인간 중심으로 거래한다. 다시 말해 자신에게 도움이 되고, 안전함과 안정감을 느끼게 해주며 소속감을 유지해 주는 것을 고르는 것이다. 세일즈포스닷컴(Salesforce.com)과 사이벨(Seibel) 간의 판매 경쟁이 그 좋은 사례다. 어느 모로 봐도 세일즈포스닷컴의 소프트웨어가 탁월했음에도 불구하고 사이벨은 그보다 뒤떨어지는 제품으로 계속 매출을 올렸다. 잉거솔랜드(Ingersoll-Rand)의 경우, 그들이 사이벨 제품을 계속 구매하는 이유는 회사가 위기 상황에 처해 있어서 다른 제품을 시험해 볼 여유가 없었기 때문이다. 사람들이 사이벨 제품을 사는 이유는 간단하다. 지금까지 10년간 사이벨과 거래해 왔다면, 그 거래를 계속 유지하는 것이 거래선을 비꾸는 것보다 상사에게 자신을 성낭화하기 쉽기 때문이다. 그렇다. 당신이 구매하는 것은 상품이 아니라 그 정당성, 그 스토리인 것이다.

소비자들은 상품을 구매하는 과정을 중요하게 여긴다. 그들은 포장과 주위의 인정과 색다른 경험을 중시한다. 그들은 제품의 생산지와 생산 환경에도 관심을 가진다. 물론 일단 구매한 후에는 제품이 얼마나 튼튼한가에도 신경이 쓰이겠지만, 그보다는 제품이 고장났을 때 판매 회사에서 어떤 방식으로 대처하는가에 더 촉각을 곤두세울 것이다.

제품이나 서비스의 효능이 사용자가 느끼는 기분과 관련이 있을까? 물론이다! 어떤 소비자는 사람들에게 제품의 효능에 대해 들었을 때 욕구가 형성된다. 영화 관객은 그 영화가 평론가에게 호평을 받았기 때문에 기대를 한다. 도지 바이퍼(Dodge

Viper. 크라이슬러가 생산하는 스포츠카 - 옮긴이)를 사는 사람들은 그 탁월한 가속력 때문에 사는 것이다. 딜로이트의 회계사를 고용하는 이유는 그 회사가 위기에 빠진 기업을 극적으로 회생시킨 적이 있기 때문이다. 소비자는 효능에 아무 관심이 없을 정도로 유행에 민감하지는 않다.

하지만 제품의 효능이 사람들이 욕구를 형성하는 주된 요인일까? 천 만의 말씀! 만일 그렇다면 이런 책이 무슨 필요가 있을까. 내가 참석한 거의 모든 회의에서 사람들은 왜 자신들의 제품이나 서비스가 더 많이 팔리지 않는지 필사적으로 알아내고자 했다. 그들은 언제나 그 제품이 얼마나 좋은가, 다른 제품에 비해 어떤 장점이 있는가, 얼마나 빠른가, 얼마나 견고한가 등등의 얘기로 회의를 시작했다. 늘 제품의 효능에만 집착하면서, 타사 제품과 차별화하기 위해 그토록 세심한 주의를 기울였는데도 왜 시장이 반응하지 않는지 이해할 수 없다고 말했다.

친구여, 당신이 파는 물건은 우리에게 필요치 않다.
우리는 우리가 **원하는** 물건을 산다.

Step 4 Key Point!
스토리는 우리가 스스로에게 거짓말을 하도록 만든다. 그리고 그런 거짓말은 우리의 욕망을 충족시킨다. 소비자를 기쁘게 하는 것은 당신이 파는 제품이나 서비스가 아니라 스토리다.

성공 사례

**세계관을
바탕으로 한
스토리들**

All Marketers Are Liars

이 세상에는 셀 수 없을 만큼 다양한 세계관이 있다. 그중 몇 가지를 지금부터 소개하겠다. 마케터가 어떻게 각각의 성향을 가진 사람들에게 스토리를 전하는 데 성공했는지에 관한 설명과 함께.

" 집 에 서 만 든 음 식 이 가 족 의 건 강 에 더 좋 다 "

자, 이런 사람들 틈에서 식품 브랜드의 마케터가 성공하려면 어떻게 해야 할까?

해마다 2만 가지가 넘는 신상품이 슈퍼마켓에 쏟아져 들어온다. 진열대에 놓일 수 있는 제품 수는 몇백 개에 불과하기 때문에 이들은 치열한 경쟁을 벌인다. 이 경쟁에서 소모되는 광고비만 해도 수십억 달러에 이른다. 하지만 대부분의 신상품은 두 번 쳐다볼 가치도 없는 지루한 유사품들이다. 안전하고 무난하며 구태의연한 방식을 선호하는 이들에게 이 시장은 참으로 잔혹한 곳이다.

뱅킷(Banquet)은 '스토리 들려주기'라는 대안을 선택했다. 그들은 자신들의 이야기에 맞는 세계관을 가진 청중을 찾아냈다. 가족들의 저녁 식사를 직접 만들지 않는다는 데 죄책감을 가지고 있던 수백만 명의 미국인이 바로 그들이었다. 그들은 집에서 만든 음식이 곧 사랑이며 단란한 가족의 상징이며 건강에도 좋다는 통념 속에서 성장했지만 현실적으로 그럴 만한 시간과 에너지가 부족했다.

그런데 그들 중 다수가 스프나 스튜를 만들 때 쓰이는 저온 가열용 전기냄비 '크락팟(Crock Pot)'을 가지고 있었다. 뱅킷의 존 핸슨은 이에 착안해 '크락팟 클래식(Crock Pot Classic)'이라는 새로운 냉동식품을 내놓았다. 그는 "저희 뱅킷의 크락팟 클래식에는, 저온 가열 식품에 반드시 요구되는 질 좋은 재료들이 듬뿍 들어 있습니다. 부드러운 고기와 신선한 채소, 좋은 감자, 그리고 풍부한 양념. 요리를 하는 데 드는 시간은 단 5분으로 줄였습니다. 뱅킷 크락팟 클래식은 하루 일과를 마치고 집에 돌아온 가족을 기분 좋은 냄새로 반겨줄 것입니다." 이 말 속에 숨은 의미는(진실을 말하자면) 이렇다. "여기 화약약품에 절여 냉동시킨 음식이 있습니다. 통째로 냄비에 넣고 전기만 켜면 끝나도록 미리 다 조리해 놓은 전자레인지용 냉동식품이죠."

뱅킷의 모회사인 콘아그라(ConAgra)는 이 상품으로 홈런을 날렸다. 시제품 판매 결과 평균의 250퍼센트를 웃도는 판매율을 기록했다. 이 상품은 두고두고 높은 판매율과 마진을 안겨주는 효자상품이 되었다.

저온 가열 냄비에 냉동식품을 풍덩 집어넣는 것과 동네 레스토랑에 가서 식사하는 것 사이에 아무런 차이가 없다고 한 콘아그라의 말은 당연히 진실이 아니다. 크라팟 클레식의 침가물을 살펴보면 그 이유를 알 수 있다. 거기에는 질산티아민, 변성전분, 이스트 추출물, 소금, 가수분해 대두단백질, 설탕, MSG, 프로필렌글리콜, 캐러멜 색소, 이노신산나트륨, 구아닐산나트륨, 대두레시틴, 캘리포니아산 샤블리 와인, 고과당 콘시럽, 안초비, 옥수수단백질, 유화제 등이 포함되어 있다.

그래서? 중요한 것은 소비자들이 스스로에게 어떤 거짓말을 들려줄 것인가 하는 점이다. 가족이 집에 돌아왔을 때 풍기는 음식 냄새에 관한 거짓말, 포장 박스를 내다 버리는 것이 아니라 다 먹은 식기를 설거지한다는 것과 같은 거짓말. 결국 식탁에 앉아 함께 식사하는 가족을 보면서 주부가 무엇을 느끼느냐가 관건인 것이다

콘아그라가 성공한 이유는 모든 사람을 충족시키는 제품을

개발하는 데 중점을 두지 않았기 때문이다. 그들은 사실을 전달한 것이 아니라 스토리를 들려주었다.

"란제리 쇼핑을 하면 왠지 예뻐진 것 같은 느낌이 들죠"

내 친한 친구 하나가 부유층 여성을 대상으로 작은 란제리 가게를 하나 해볼까 생각하고 있었다. 이 사업에 관한 우리의 대화는 이 책에서 다루는 스토리와 거짓말에 대한 논의와 일맥상통한다.

몇 년 전이었다면, 처음 가게를 시작하는 사람들은 일단 품목과 가격 책정에 대해 이야기했을 것이라고 생각한다. 내 친구 같으면 현금 흐름과 임대료를 걱정했을 것이고, 그 밖에 가게 위치 같은 것에 대해서도 이야기했을 것이다.

이런 것들은 모두 상품 중심의 논의다. 괜찮은 물건을 적당한 가격에 적당한 장소에서 판다면 현금 흐름만 잘 조절해도 성공할 수 있다는 것이 소매상에 관한 오래된 통념이다.

오늘날, 문제는 완전히 달라졌다.

란제리의 세계에 들어가기 위해 단 한 번의 클릭이면 족하다. 세계 어느 곳에서든 단 5초면 가장 좋은 물건을 가장 합리적인 가격에 구입할 수 있다. 자, 이러니 오프라인 상점을 운영하기 위해서는 '필요를 충족시키는 것' 이상의 어떤 이유가 있어야 하지 않을까?

우리가 그녀의 가게와 관련해서 토론한 주제는 바로 이것이다. "어떤 스토리로 할 것인가?"

사람들이 이 가게를 방문해서 얻을 수 있는 것은 무엇일까? 가게에 와서 누구를 만나게 될 것인가? 허브티를 제공할 것인가, 에스프레소를 내놓을 것인가? 품목은 보통 가게들의 절반만 갖추되 어떤 종류로 할 것인가?

만일 어떤 손님이 가게에 와서 들어오기 전보다 더 기분 좋게 그곳을 떠날 수만 있다면 내 친구는 성공적으로 스토리를 전한 것이다. 그 손님은 스스로에게 거짓말—아마도 이렇게 새털같이 가벼운 천 조각으로 자신이 얼마나 섹시해 보이는지에 관한—을 들려줄 것이고, 그 거짓말은 퍼지고 퍼져 충성고객을(그리고 큰 수익을) 몰고 올 것이다.

번영의 첫걸음은 좋은 질문을 하는 것이다. 상품에 대한 질문이 아니라 스토리에 대한 질문을.

"나는 마케터를 믿지 않아요(대신 제품 설명서를 읽지요)"

'마케터는 거짓말이나 일삼는 한심한 인간들이다.'

이런 생각을 가진 거대한 소비자 집단이 있다. 이런 사람들은 마케터가 무슨 말을 해도 믿지 않는다. 동네 최고의 서비스라고 자랑해도 안 믿고, 가장 값이 싸다거나 설문조사에서 가장 높은 점수를 받았다고 해도 들은 척도 안 한다.

문제는 '정교함'이다.

만일 조금 더 정교한 스토리를 고른다면, 그리고 그 스토리가 어딘지 모르게 재미있고 믿을 만하다면, 이 사람들도 일단 관심을 보일 것이다. 관심을 끌기만 하면 기회는 당신 것이다. 만일 당신의 서비스가 정말로 동네 최고라면, 사람들이 당신의 서비스에 관한 스토리를 퍼뜨리도록 도구를 그들의 손안에 쥐어준 것이나 다름없다.

그저 자리에 가만히 앉아서 스토리를 지어내기만 하면 사람들이 당신이 바라는 대로 믿을 것이라고 착각해서는 안 된다.

소비자들은 당신이 생각하는 것보다 영리하다.

당신의 보험회사가 최고의 서비스를 제공한다고 주장하면서 그 거짓말이 사람들의 심금을 울릴 것이라고는 기대하지도 말라. 당신 상점에서 쇼핑하면 무척 즐거울 것이라고 주장하면 사람들이 그걸 믿고 달려올 것이라고 기대해서도 안 된다.

수많은 마케터들이 배워야 하는, 그렇지만 어려운 교훈이 바로 이것이다. 성가실 만큼 권하고, 장점만 내세우고, 당신의 서비스가 문제 해결에 최선책이라는 것을 보여주기는 쉽다. 그러나 보여준다고 팔리는 것은 아니다. 당신은 그걸 믿을지 몰라도 소비자는 아니다. 오히려 증거를 내세울수록 더 의심스러워한다. 하지만 소비자가 스스로 무언가를 알아내거나 발견한다면, 당신에게서 들었을 때보다 몇천 배는 더 믿을 것이다.

이것이 바로 마케팅의 기술이다. 대부분의 상품과 서비스에서 비행기로 공중에 광고 문자를 날리는 짓이나 대형 광고판, 그리고 텔레마케팅 같은 것들은 메시지를 퍼뜨리는 데 거의 도움이 안 되는 방법이다. 사람들의 눈길을 끌지 못해서가 아니라 그들이 믿지 않기 때문이다.

소비자에게 믿음을 주기 위해서는 그들이 의식할 수 있을 정도로 큰 변화를 보여주어야만 한다. **강의를 하라는 것이 아니다. 스토리를 들려주라는 얘기다.** 넌지시 알려줄 것이며 큰 소리로 떠들어서는 안 된다. 그리고 당신이 아니라 소비자가 스스로 좋은 선택임을 입증할 때 그는 비로소 당신의 고객이 될 것이다.

정답을 알려주는 것보다는 스스로 발견하게 만들어주는 것이 훨씬 강력한 효과를 발휘한다. 왜냐하면 사실상 정답이라는 것이 존재하지도 않고, 설사 존재한다 하더라도 소비자가 믿지 않을 것이기 때문이다.

"일본인 주방장이 만든 초밥이 확실히 맛있어요"

독일 맥주 벡스 라이트(Becks Light)와 세인트 폴리 걸(St. Pauli Girl)이 똑같은 생산 라인에서 만들어졌다는 사실을 알게 되면 뭔가가 달라질까?

1인당 저녁 식사 값이 300달러는 족히 드는 '마사 식당'의 생선초밥이 길거리의 평범한 초밥집 것보다 맛있게 느껴지는 이유는 무얼까? 한 끼 식사가 끝날 때마다 사포로 문질러 닦는 독특한 나무 받침이나 아니면 일급 주방장의 세심한 배려 때문일까?

기대(expectation)야말로 우리를 인지에 이르게 하는 원동력이다. 그리고 복합적인 스토리는 모든 종류의 인지 행위를 포함하고 있다. 사람들이 쇼핑할 때 그 장소와 거래 방식, 주변의 소음, 배경음악, 조명 같은 요소들은 적어도 제품 그 자체만큼이나 의미가 있다.

랄프 로렌(Ralph Lauren)은 매출액의 상당 부분을 전국에 있는 폴로(Polo) 팩토리 스토어(factory store. 제조업체가 자체 운영하는 할인매장 - 옮긴이)에서 이월상품 및 하자 제품을 판매함으로써 충당한다. 미국 내에 이런 매장이 워낙 많고 수요 또한 매우 많아서 여기서 판매되는 제품 중에는 사실상 이월상품이 아닌 것도 상당히 많다. 할인매장에서 판매하기 위해 따로 디자인하고 생산한 것들 말이다. 하지만 사람들은 할인매장을 발견하고는 기대를 갖고 50킬로미터나 운전해 가서, 400달러짜리 재킷을 40달러에 사서 기쁘다는 스토리를 자신에게 들려주길 좋아한다. 사실 그 옷은 애초부터 400달러짜리도 아니었고, 만드는 데는 고작 4달러밖에 들지 않았는데도 말이다.

"세스 고딘이 쓴 책을 좋아해요"

"나는 이 책을 쓰지 않았다."

내 말은, 세스 고딘이 직접 이 책을 쓰지 않았다는 뜻이다. 나, 모 새뮤얼스(Mo Samuels)라는 이름의 프리랜서 작가가 그를 대신해서 책을 썼다. 고딘은 겨우 세 쪽짜리 개요를 주고는 나더러 책을 쓰라고 했다.

어떤가, 갑자기 열이 오르는가? 그 말을 듣고 나니 어쩐지 책이 좀 시시해 보이는가? 세스가 나에게 계약금 조로 만 달러를 주었고 아직도 줄 돈이 남았다는 사실이 갑자기 책의 가치를 떨어뜨리는가?

누가 이 책을 썼는가가 뭐 그리 중요하지? 어차피 그 내용이 그 내용인데. 하지만 당신은 책표지에 적힌 이름 대신 '모'라는 작자가 이 책을 썼다는 사실이 무척이나 마음에 걸릴 것이다. 아마도 꽤 화가 났을걸?

자, 여기까지 읽었다면 '모 새뮤얼스' 얘기는 허구라는 것쯤 눈치 챘을 것이다. 하하. 이 책은 한 자도 빼놓지 않고 모두 내가(세스 고딘 말이다) 직접 쓴 것이다.

그리고 당신을 잠시 놀린 걸 진심으로 사과한다. 하지만 내가 말하고자 하는 바는 명백하다. 내 책의 아이디어가 널리 퍼지는 이유 중 한 가지는 독자들이 그렇게 되길 기대하기 때문이다. 당신은 내 책이 재미있고 유익하며 상당히 불손하리라고 기대했을 것이다. 그런데 이 책을 듣도 보도 못한 사람이 썼다는 이야기를 들은 순간 완전히 다른 스토리가 되고 말았다. 안 그런가?

똑같은 내용이지만 거짓말이 달랐던 것이다. **거짓말은 내용만 큼이나 중요하다.**

" 체제에 반항할 거야! "

1980년대, 몇 명의 혁신적인 사업가에게 엄청난 사업 아이디 어가 떠올랐다. 그들은 유명 브랜드의 구 모델 스테레오 스피 커를 아주 싼 값에 사서 이삿짐 운송용 임대 트럭에 실었다.

그런 다음 트럭을 하버드 대학 기숙사 뒤편에 주차해 놓고는 지나가는 사람들에게 속삭이기 시작했다. "저……잠깐만요! 스피커 하나 안 사실래요?"이 스피커가 장물이라는 이야기는 그 누구도 하지 않았지만, 지나가는 사람들이 볼 때 그것은 명 백한 일이었다. 하버드생들이 사서는 안 되는 물건이었다. 하 지만 그들은 그것을 샀다. 그것도 앞을 다투어.

사업가들은 스피커(실제로는 장물이 아닌)를 눈 깜짝할 사이에 모 두 팔아치웠다. 학생들이 스스로에게 들려준 스토리가 엄청난 설득력을 발휘했던 것이다. 심지어 동네에 있는 음향기기 할인 매장 트위터(Tweeter)에 가면 훨씬 더 싼 값에 살 수 있었는데도 말이다.

트위터는 광고와 임대료에 엄청난 돈을 썼다. 반면 이 사업가

들은 사람들이 스스로를 스토리로 설득하도록 만들었다. 승자
는 누구일까?

" 아 마 존 은 고 객 서 비 스 가 끝 내 준 다 고 "

어째서 아마존은 미국 소비자 만족 지수(American Customer
Satisfaction Index. 이 지수는 각 기업들이 판매하는 제품에 대해 소비자들이 어
떻게 생각하는지 나타내는 믿을 만한 지표다)에서 계속해서 높은 점수를
받는 걸까?

그 이유는 고객들이 '아마존은 그럴 거야'라고 기대하기 때
문이다.

그들은 아마존의 서비스가 훌륭할 것이라고 기대하며(지난번
에도 그랬으니까), 그렇기 때문에 좀 의심이 가는 경우에도 너그럽
게 봐주는 것이다. 좋은 결과가 고객의 기억에 남는 이유는 그
것이 그들의 세계관을 뒷받침해 주기 때문이다. 나쁜 결과는
어쩌다 우연히 일어난 일로 여겨져 기억에서 지워진다.

아마존은 놀랄 만한 서비스를 제공하기 위해 그 어떤 회사보
다도 열심히 노력했다. 그들의 서비스가 기대를 넘어서자 고객
들은 아마존 스토리를 이야기하기 시작했다. 그 결과 이제 아
마존은 자사의 명성을 쉽게 유지할 수 있게 되었다. 사람들은
믿고 싶기 때문에 믿는다.

" 유 기 농 식 품 이 더 좋 아 "

『오거닉 스타일(Organic Style)』이라는 잡지는 잡지 업계의 성공 스토리 중 하나다. 하지만 왜 스타일이 유기농적이어야 하는 거지? 왜 유기농이 하나의 스타일이 되어야 하는 걸까? 왜 이 분야가 식품뿐만 아니라 비누나 옷감 등 다른 소비재에까지 시장을 넓히면서 급성장하고 있는 것일까?

지난주에 슈퍼마켓에 갔을 때 나는 내 앞에 서 있는 여자가 계산대에 올려놓은 물건들을 보고 웃음이 나왔다. 그녀는 나와 너무나도 비슷했다. 비록 그녀가 사려는 물건들 가운데 내가 고른 것과 똑같은 제품은 하나도 없었지만 말이다.

내 바구니 안에는 유기농 올리브 오일과 유기농 토마토, 유기농 두부, 유기농 염소젖 치즈, 샤펜베르거 초콜릿(Scharffen Berger. 최고급 카카오를 사용하여 고급 초콜릿을 생산하는 회사 – 옮긴이)과 진공 포장한 프랑스산 흰콩이 들어 있었다. 그녀의 바구니에는 에이미 (Amy's) 사의 유기농 냉동식품 두 개와 유기농 닭 가슴살, 파이어리트 부티(Pirate's Booty. 미국의 자연·건강식품 회사인 Robert's American Gourmet 사의 건강 스낵 브랜드 – 옮긴이)의 치즈스낵 두 봉지가 들어 있었다. 또 유기농 샴푸와 유기농 치약도 보였다.

우리는 둘 다 어떤 스토리에 푹 빠진 게 틀림없었다. 우리는 둘 다 스스로에게 음식과 환경, 가족 건강에 관한 복잡한 거짓말을 들려주고 있었다.

유기농 식품이 다른 것들보다 더 맛이 좋은가? 그렇지는 않다.

유기농 식품이 몸에 더 좋은가? 잘 모르겠다. 뉴욕 시 근처에 살면서 그렇게 많은 오염물질을 흡수하고 있는데 과연 유기농 식품을 먹는다고 건강에 도움이 되는지는 의문이다(뉴욕 시 이스트사이드 주변 도로를 따라 30분을 뛰는 것이 담배 몇 대를 피우는 것과 똑같은 영향을 준다는 얘기가 있다).

유기농 식품을 구매하는 것이 대지를 사랑하는 농부들을 효율적으로 돕는 방식일까? 농부들에게 직접 사지 않는 이상 그렇지도 않다. 대부분의 돈은 농산물을 피땀 흘려 가꾼 농부가 아니라 중간 업자들의 손에 들어가게 된다.

그렇다면 이게 도대체 어떻게 된 일일까?

유기농 식품은 가족을 돌보고, 우리의 건강을 지키고, 지구 환경을 보호하고, 자신이 사려 깊게 행동한다고 느끼고 싶은 소비자들의 욕구를 충족시켜 주는 가장 저렴한 수단 중 하나다. 이것은 거의 모든 일에 세계 최악의 비효율적인 소비자라는 죄책감을 달래고 싶은 일부 미국인들이 활용하는 방법이다.

모든 사람이 유기농 식품을 사는 것은 아니다. 유기농이 상징하는 것과는 정반대의 세계관을 가진 사람도 많다. 하지만 그렇다고 해서 유기농 식품이 탁월한 스토리라는 사실이 달라지는 것도 아니다. 엄청난 성공을 거둔 '홀 푸드 마켓(Whole Foods Market. 미국의 유기농 식품 전문 슈퍼마켓 – 옮긴이) 체인은 거의 전적으로 이 스토리에 바탕을 두고 있다.

홀 푸드 마켓에 가보면 포테이토칩이나 캔디, 포화지방 식품, 가당 음료 등도 엄청나게 많다. 가격 또한 비싼 편이다. 하지만 그게 무슨 상관이람. 사람들이 거기서 쇼핑하는 것은 식품이 아니다. 그들이 굳이 그곳에서 쇼핑하는 이유는 기분이 좋아지기 때문이다. 그들은 거기서 '필요한' 식품이 아니라 '원하는' 식품을 구매하는 것이다. 그리고 **우리는 누구나 자신이 옳은 일을 했다고 믿을 때 만족감을 느낀다.**

사람들은 자신이 먹는 음식에 대해 세세한 것들을 모두 알고 싶어 하지 않는다. 소가 어떤 식으로 도살되고, 과일을 여기까지 싣고 오는 데 얼마만큼의 연료가 들고, 음식에 든 지방이 자신의 동맥에 어떤 작용을 하는지 생각하고 싶지 않은 것이다. 사람들이 원하는 것은 스토리, 자기 자신과 주변 친구들에게 말해 줄 수 있는 거짓말이다.

내가 바라는 것이 세상 사람들 모두가 유기농 식품을 구매함으로써 지하수 오염으로 인한 폐해를 없애고 음식의 맛과 영양이 향상되는 것일까? 그건 물론 그렇다. 하지만 내가 말하려는 것은 그게 아니다. 중요한 점은 유기농 식품이 날개 돋친 듯 팔리고 있으며(현재 유기농 식품 소매상은 다른 전통적인 상점에 비해 세 배나 빠른 속도로 성장하고 있다), 그 이유가 그 식품들이 실제로 몸에 좋기 때문이라기보다는 그것을 구매하는 방식이 사람들을 기분 좋게 만들어주기 때문이라는 사실이다.

바로 그렇기 때문에 나는 마이클(그는 헤이스팅스 파머스 마켓의 아주 유쾌한 유기농 재배인이다)에게 어린 시금치 1파운드를 10달러나 주고 사는 것이다. 믿으면, 기분이 좋아진다.

악의 없는 거짓말과
진짜 속임수
All Marketers Are Liars

훔친 스피커를 트럭에 싣고 다니는 얘기가 영 못마땅한가? 사실 좀 비윤리적인 일인 것 같기는 하다. 훔친 물건인 척 사람들을 속여 스피커를 사게 만들다니 말이다. 그렇지 않은가?

그렇다면 사실상 12달러짜리와 똑같은 효과를 내는 스피커 케이블을 90달러짜리인 양 파는 건 어떨까? 그것도 똑같이 나쁜 짓 아닐까?

사람들(마케터를 포함해서!)은, 적어도 마음속으로는, 어떤 제품이나 서비스를 구매하는 이유가 성능 때문이어야 한다고 믿고 있다. 우리는 스토리나 들려주면서 마케팅을 할 게 아니라 정말로 쓸모 있는 제품이나 서비스를 개발해야 한다고 배웠다. 고객들이 힘들게 번 돈을 유용한 것을 사는 데 쓰지 않고 아무 짝에도 쓸모없는 유행 제품을 사는 데 써서야 되겠는가.

말은 그렇게 하면서 실제로는—다른 모든 소비자들과 마찬 가지로—디자이너 브랜드의 값비싼 티셔츠를 사고, 고급 레스 토랑에서 비싼 저녁을 먹고, 출장 때 호화로운 호텔에서 묵는 다. 이걸 어떻게 설명할 수 있을까?

불친절한 비행기 승무원이 끼치는 심리적 영향은 비행기가 목적지에 10분 먼저 도착하는 일보다 훨씬 더 중요하다. 공장 에 새로운 기계를 설치했을 때 직원들에게 샘솟는 열의는 그 기계의 실제 성능만큼이나 중요하다. 달리 말해, 비이성적인 믿음은 나쁜 것이 아니다. 오히려 그 제품의 품질을 높여주는 본질적 요소라고 할 수 있다.

그것이 바로 우리가 거짓말과 속임수를 사용하는 이유다. 게 오르그 리델은 거짓말쟁이다—아주 정직한 거짓말쟁이. 그가 정직한 거짓말쟁이인 이유는 고객들에게 진실이 아닌 이야기 를 들려주었기 때문이다—"이 글라스는 와인을 더 향기롭게 만든다"—그리고 그 거짓말을 믿음으로써 그의 말은 사실이 되었다. 사람들이 그의 잔으로 마시는 와인이 더 향기롭다고 믿었기 때문에 그것이 정말 향기로워졌던 것이다.

스토리텔링은 스토리가 실제로 그 제품이나 서비스를 보다 향상시킬 때에만 효과를 거둔다.

악의 없는 거짓말쟁이를 구별해 내는 것은 그다지 어렵지 않다. 악의 없는 거짓말은 스토리를 진실로 만드는 거짓말이다. 만일 내가 공장을 자동화함으로써 비용이 절약될 것이라고 생각한다면, 정말로 그렇게 될 가능성이 크다. 만일 저 정치인이 나를 이해한다고 생각하면, 나는 그의 손에 그럴 만한 권력을 쥐어줄 가능성이 크다. 어떤 주식이 값이 오를 것이라고 생각하면, 그리고 그 스토리를 친구와 함께 나눈다면, 그 회사의 가치가 정말로 오를 수도 있다.

반면 진짜 속임수는 보다 음흉한 것이며, 위험하다. 그것은 스토리의 실체가 드러날 경우 그것을 믿었던 사람들을 화나게 만드는 얄팍한 마케팅 방식이며 또한 소비자를 기만하는 행위다. 진짜 속임수는 부작용을 낳는다.

"안녕하십니까, 데이브입니다!"

레녹스(Lennox)는 난방 기구와 에어필터를 만드는 회사다. 100년도 넘는 전통을 가진 이 회사는 가족 경영의 이념하에 모든 광고와 음성 메일에 사장인 데이브 레녹스(Dave Lennox)가 직접 출연한다. 1-800-4Lennox에 전화하면 그의 목소리를 직접 들을 수도 있다.

"안녕하십니까! 데이브 레녹스입니다!"

데이브의 말에는 언제나 느낌표가 붙는다.

'데이브 레녹스'는 훌륭한 스토리로 여겨진다. 정체불명의

회사가 넘쳐나는 세상에서 창업주의 손자인 경영인이 전화를
받는 회사라니, 그 얼마나 가슴 따뜻한 이야기인가.

이에 따라 레녹스의 난방 기구를 설치하는 일 또한 현명한
구매 행위로 느껴지게 된다. 물건을 살 때 데이브가 진짜 뒤에
서 보증해 주는 듯한 인상을 주는 것이 구매자를 안심시키는
것이다. 따라서 레녹스 제품도 훨씬 가치 있어 보이고.

하지만 그건 난방 기구가 고장 나기 전까지의 얘기다. 웹 사
이트를 방문하거나 레녹스에게 전화를 걸기 전까지만.

나는 데이브 레녹스가 50년도 더 전에 사망했다는 사실을 방
금 전에 알게 되었다. 그리고 레녹스인 줄 알았던 사람이 사실
은 배우였다는 것도. 데이브 레녹스는 없다. 나는 속았다는 느
낌이 들었다. 당신이라면 안 그렇겠는가?

문제는 내가 믿었던 그 거짓말에 있는 게 아니다. 그 거짓말
은 내가 레녹스의 난방 기구를 즐거운 마음으로 살 수 있도록
해주었다. 문제는 스토리에 진정성이 없다는 것이다. 이 회사
는 데이브를 계승하지 못했다. 실제로 레녹스 직원과 통화를
해보면, 데이브가 떠났을 뿐 아니라 회사의 정신마저도 그를
따라갔다는 사실을 분명하게 느낄 수 있다.

악의 없는 거짓말은 무언가를 더 낫게 만들어주는 스토리다.
그것은 당신의 상품을 설명하는 방식(인간이 사물을 설명하는 모든
방식으로)인 동시에 제품 자체를 더욱 유용하고 즐겁게 만들어
준다. 이런 거짓말을 기분 나쁘게 받아들이는 사람은 아무도
없다. 그리고 설사 고객들이 당신의 스토리가 사실에 근거하지

않았다는 것을 알아차린다고 해도 격분하지 않을 것이다.

반대로, 진짜 속임수는 거의, 혹은 전혀 근거가 없는 스토리다. 그것은 주로 자신의 이익만을 위해 들려주는 스토리다. 그리고 무엇보다도 나쁜 것은, 들통 났을 경우(물론 반드시 들통 나게 되어 있지만) 소비자들을 분노케 만든다는 점이다. 아마도 영원토록.

악 의 없 는 거 짓 말 은 진 실 이 다

메르세데스가 도요타보다 정말 열다섯 배나 좋을까(도요타 코롤라의 경우 미국 내 가격이 1만 4천~1만 7천 달러 정도인데 비해 메르세데스의 가장 비싼 모델은 그 열다섯 배인 25만 달러가 훨씬 넘는다)? 두 차 모두 여기서 클리블랜드까지 가는 데 걸리는 시간은 비슷한데도? 아마 도요타가 기름은 좀 덜 들 것이고, 반면에 메르세데스가 두 배쯤 편안할 것이다. 하지만 열다섯 배라니?

하지만 경우에 따라서는 그렇게 느껴질 수도 있다.

자동차를 사려고 하는 사람이 메르세데스의 문을 탁 닫을 때, 이 자동차는 스토리를 들려준다. 견고함과 안전성, 그리고 탁월한 기능에 관한 스토리를. 그것은 도요타의 코롤라(Corolla)에서는 들을 수 없는 스토리다. 그렇다면 메르세데스의 스토리가 지닌 가치는 과연 무엇일까? 그 스토리가 메르세데스의 마케터와 브랜드, 그리고 이 차를 사는 데 돈을 쓰는 것에 대해 어떤 느낌을 갖도록 해주는가?

메르세데스는 다른 차들과 차이나는 가격의 거의 전부를, 고객이 믿고 즐기고 나눌 수 있는 스토리를 만드는 데 쓴다. 그들의 스토리는 카스테레오와 부드러운 액셀러레이터, 자동으로 제어되는 와이퍼 등 이 차의 모든 부분에서 들려온다.

메르세데스가 승자가 될 수 있었던 이유는 자신들의 차를 사람들이 이야기할 만한 것으로 만들려고 노력하는 과정에 진정성이 깃들어 있었기 때문이다. 캐딜락이 자신의 스토리를 더는 믿지 않게 되었을 때 그들은 몰락했다. 그들은 스토리를 들려주는 일은 잊어버린 채 돈을 움켜쥐기에만 급급했던 것이다. 캐딜락은 자신들의 브랜드와 역사에 관한 스토리를 사람들을 속여 차를 사게 만드는 데 이용하고 결국은 소비자들을 후회하게 만듦으로써 사기꾼과 다름없는 존재가 되었다. 그들이 이런 이기적인 실수를 만회하는 데는 수십 년이 걸렸다.

속 임 수 는 진 실 하 지 않 다

수십 년 전, 네슬레(Nestle)가 (유니세프에 따르면) 100만 명이 넘는 영아들의 사망에 일조했을 때, 그들은 자신들이 거짓 스토리를 이야기하고 있음을 알아차렸어야 했다. 네슬레는 그 거짓으로 가득 찬 스토리에 속은 어머니들이 자신들의 인생에 해가 될 수도 있는 제품을 사서 쓰기를 바랐다.

저개발국가의 여성들에게는 모유 수유가 분유를 먹이는 것보다 훨씬 바람직한 일이다. 하지만 모유 수유가 만연한 분위기에서는 돈을 벌 수 없었던 네슬레는 마케팅의 힘을 이용해 이런 이야기를 퍼뜨렸다.

"분유가 더 좋다."

네슬레는 스토리를 퍼뜨리기 위해 노력했다. 그들의 스토리는 단순하면서도 저개발 국가 어머니들의 세계관—서구의 신기술이 아기에게 이롭다—에 잘 부합되도록 짜여 있었다. 이 스토리는 어머니들이 모유 수유를 중단하고 네슬레의 조제분유를 아기에게 먹이도록 자극했다. 또한 그들은 분유를 신생아들에게 무료로 나누어주기도 했다.

네슬레가 좀 더 진실한 스토리를 들려줬더라면, 즉 에이즈에 걸렸거나 그 밖의 이유로 아기에게 모유를 먹일 수 없는 어머니들을 목표로 했더라면, 장기적인 성공을 구가할 수 있었을 것이다. 당장 대박이 나지는 않더라도 소비자들의 삶의 질을 향상시킴으로써 견실한 회사로 성장해 나갈 수 있었을 것이다.

하지만 네슬레가 선택한 스토리는 세상을 더 낫게 만들지 못했다. 그들이 짜 맞춘 '서구 신기술' 스토리는 모유를 먹었어야 할 아기들의 목숨을 구하는 데 아무런 도움이 되지 못했다. 이것은 좀 더 나은 경험을 위해서 스스로에게 거짓말을 하거나, 타인이 어떤 일에 보람을 느끼도록 용기를 북돋우는 것과는 경우가 다르다. 이런 식의 거짓말은 사람들을 현혹시켜 결국에 가서는 후회할 일을 하도록 만드는 짓이다.

돈이 없는 가난한 부모들은 네슬레 분유를 묽게 타서 먹였고, 오염된 물로 분유를 타기도 했다. 그 결과, 많은 아기들이 병에 걸렸다.

네슬레의 스토리는 정확하지 않았을뿐더러 사실상 대다수 산모들의 현실과 반대였기 때문에, 소비자들이 스스로에게 들려준 거짓말의 결과는 실로 무서운 것이었다. 오늘날 마케팅의 힘은 너무나도 강력해졌기 때문에 "위험부담은 구매자가 진다(caveat emptor)"는 원칙은 설득력을 잃은 지 오래다. 마침내 네슬레는 뼈저린 경험 끝에 물러났고, 마케터라면 누구라도 명심해야 할 다음과 같은 교훈을 남겼다.

"사람들이 당신의 스토리를 믿는다고 해서 그 스토리가 정당화되는 것은 아니다!"

네슬레가 소비자들의 적극적인 참여 없이도 그들에게 이 스토리를 팔 수 있었을까? 절대 그렇지 않다. 그들의 스토리가 통한 이유는 소비자들이 네슬레 등장 이전부터 이미 그에 부합하는 세계관을 가지고 있었기 때문이다. 그러니까 소비자들 역시 공모자라는 얘기다. 그리고, 그건, 중요하지 않다.

"우리는 선택의 기회를 제공할 뿐입니다. 결정은 소비자 자신에게 달렸습니다."라는 마케터들의 주장은 틀린 것이다. 오늘날, 마케팅은 놀라울 정도로 발전했고 우리 문화 전반에 깊이 뿌리박고 있어 소비자들이 사실에 입각한 합리적 분석을 바탕으로 결정을 내리는 것이 불가능하다. 대신 소비자들은 자신이 들은 스토리를 토대로 결정을 내린다. 속임수를 써놓고 그 책임을 소비자에게 떠넘기는 것은 비겁한 짓이다.

눈치 챘는지 모르겠지만, 나는……

나는 화가 났다

나는 사기꾼 마케터들 때문에 아기들이 죽었을 때 화가 났다. 나는 정치인과 기업가들이, 그리고 심지어 구직자들이 사람들을 속여먹을 스토리 만들어내기에 골몰하는 모습을 보며 분노했다. 나는 세상에 크게 기여할 수 있는 기회들이 이기적인 목적에 이용되는 것을 보며 몹시 실망했다.

이런 일들이 비단 〈60 Minutes(미국 CBS TV의 시사 다큐 프로그램)〉를 볼 때만 느껴지는 것은 아니다. 언제부터인가 마케팅은 '무책임'보다 더욱 나쁜 길을 따라 빠르게 미끄러져 내려가기 시작했다. 바로 '책임불감증'이다.

"짝퉁 리브스트롱 팔찌 좀 팔면 뭐가 어때? 흥, 이봐, 여긴 자유시장이야! 웹 사이트에서 과장 광고를 하건, 스팸 메일을 보내건 무슨 상관인데? 그래도 4분의 1은 여전히 내 사이트를 방문한다구!"

"다들 그렇게 한다"는 핑계는 이러한 행위를 더욱더 부채질하고 있다. 마케터들이 자신들의 스토리와 약속에 대해 책임을 느끼지 않는 한, 소비자들의 의심은 점차 늘어갈 것이며, 결국에는 모든 마케팅이 실패로 돌아갈 것이다.

그나마 다행인 점은, 마케팅이 아무리 강력하다 할지라도 사람들을 오랫동안 속이기가 점차 어려워지고 있다는 것이다. 수백만 네티즌들이 사람들이 당신의 스토리에 어떻게 반응하는지 지켜보고 있기 때문이다. 구글이 당신의 행동을 추적하고 있다. 앞뒤가 맞지 않는 스토리를 계속 밀고 나간다는 것은 가능한 일이 아니다. 미래가 보장되는 확실하고도 유일한 전략은 사실 아주 단순하다. 진정성을 갖추라는 것이다. 당신이 말한 그대로 실천하라. **당신이 소비자들에게 들려준 거짓말에 충실하고도 완벽하게 일치하는 삶을 살아가라.**

약 속 을   지 켜 라

사기꾼 마케터들은 악의 없는 거짓말과 진짜 속임수를 구분할 줄 모르는 소비자들을 희생양으로 삼는다. 그들은 갑자기 나타나 열풍을 불러일으키지만 약속도 지키지 않은 채 사라져버린다.

이 책은 그런 몇몇 사기꾼 스토리텔러들을 더욱 유능하고 대담하게 만들 수 있다는 위험성을 내포하고 있다. 어쩌면 이 책은 올바른 성공보다는 빠른 시간 안에 대박을 터뜨리는 데만 관심이 있는 이기적인 마케터들을 만들어낼지도 모른다. 왜냐하면 좋은 스토리를 전달할 수만 있다면 성공의 가능성은 더욱 클 테니 말이다. 다행인 점은 그런 이들이 소수에 불과하다는 점이다. 그리고 그보다 더 다행인 점은 일단 소비자들이 스토리가 자신에게 미치는 영향력을 깨닫고 나면, 좋은 스토리는 믿고 나쁜 스토리는 피할 수 있는 능력을 갖게 된다는 것이다.

진실하지 않은 거짓말은 오래가지 않는다

만일 당신이 허공에서 기적을 이끌어내는 스토리를 생각하고 있다면, 그것은 곧 당신이 그 스토리에 맞는 진실한 삶을 살 수 없다는 얘기다. 리델 사의 전 직원이 고객들이 믿는 거짓말을 함께 믿지 않았다면 그들은 와인글라스로 성공을 거둘 수 없었을 것이다. 유능한 주화 거래상들은 자신도 투자 목적으로 주화를 수집한다. 텔레커뮤니케이션 버블이 꺼졌을 때, 신화적인 미래 기술 예측가 조지 길더(George Gilder)가 자신의 책을 읽는 독자들보다 훨씬 더 많은 돈을 잃은 것처럼 말이다.

당신에게는 스토리가 필요하다. 진정성을 가진 스토리가.

'정직한 것'과 '그다지 정직하지 않은 것' 구분하기

제 눈에 안경이라는 말이 있다. 스토리를 말하는 사람이 나 자신이든 교황이든 도덕가이든 간에 그것을 믿었던 사람들이 등을 돌리게 되면 그 스토리는 실패한다.

마술사들이 진짜로 마법을 부리는 게 아니라는 건 나도 알고 당신도 안다. 마술이 다 속임수라는 것을 알아차려도 화를 내는 사람은 없다. 당신은 화장이 당신을 20년이나 젊어 보이게 하지는 못한다는 사실을 안다. 당신이 좋아하는 레스토랑의 주방이 내 집 부엌만큼 청결하지는 않다는 것도 안다. 하지만 뭐, 상관없다. 당신이 알고도 사는 이유는 그 거짓말을 믿음으로써 당신이나 스토리텔러 모두에게 이득이 되기 때문이다.

하지만 만일 비치넛(Beech-Nut. 유아식 제조 회사 - 옮긴이)의 유아용 사과 주스가 물을 탄 것이라는 사실이 탄로 났다면? 로버트 앨런(Robert Allen. 미국의 금융 전문가 - 옮긴이)같은 저자가 겨우 책 몇 권 더 팔자고 스팸 메일을 보내기 시작한다면? 속임수에 넘어갔다는 사실을 깨닫게 되면 사람들은 자신이 완전히 바보가 된 것 같은 느낌을 갖게 된다. 은행 잔고 이상의 그 무엇—우리의 자아—이 손상된 것이다. 그러한 속임수를 쓴 마케터는 다시는 사람들의 신뢰를 얻지 못할 것이다.

진실과 아름다움

내가 지금 상품의 품질에 대해서는 신경도 쓰지 말라고 말하고 있는 걸까? 제품의 본질, 그러니까 그 기능이나 개발 방식, 그 효과 등은 무시하고 그저 스토리만 제대로 개발하면 된다는 말일까?

지난 10년간 내가 써온 책들의 내용은 '고객을 존중하라',

'경영의 투명성', '이야기할 만한 가치가 있는 것 창조하기'에 관한 것들이었다. 그런데 이제 와서 갑자기 그 모든 것을 집어 던지고 가장 저급한 상술에 영합해야 한다는 것인가.

전혀 그렇지 않다.

옳은 일을 하면 보답을 받는다. 소비자들을 속인 스토리텔러들은 언젠가는 들통이 난다. 그들은 일관성을 유지하지 못하고 결국에는 그 대가를 치르게 된다. 원더 브레드가 파산에 이른 것은 흰 빵과 트윈키스가 우리를 죽이고 있다는 사실을 미국 국민들이 눈치 챘기 때문이다. 자신들의 능력 이상의 것을 제공하기로 약속했던 셀 수 없이 많은 컴퓨터 회사들이 사라져갔다. 지름길을 택해 돈을 번 브랜드들이 결국에는 철퇴를 맞았다.

이미 『보랏빛 소가 온다』에서 확실히 밝혔지만, 다시 한 번 강조한다.

"성공하고 싶다면 사람들이 이야기할 만한 무언가를 창조하라. 과대 선전이나 광고가 아닌, 진짜 그 무엇을 창조해야 한다. 그것이 진실로 훌륭하다면, 퍼져나갈 것이다."

대중은 스토리를 원한다. 스토리는 소비자들이 구매하는 제품이나 서비스의 일부이며, 사실상 사람들이 구매하고 싶어 하는 것이 스토리 그 자체일 경우도 많다. 그러나 그 스토리의 한 가운데에는 반드시 그 무엇, 진짜 그 무엇, 당신이 지금까지 쌓아온 노력의 정수가 들어 있어야 한다. 가운데 부분이 부패해 있다면, 잠시 동안의 성공은 거둘지 모르나 곧 무너지고 말 것이다.

의사들이 선호하는 담배!

필립 모리스(Philip Morris)는 극도로 중독성 있는 상품을 건강한 대중에게 마케팅함으로써 수백만 명의 목숨을 앗아갔다. 비치넛은 사과 주스에 물을 타지 않았다고 거짓말을 했다. 맥도널드는 수백만 명에게 색다른 방법으로 음식을 먹고 엄청난 양의 쓰레기를 발생시키는 방법을 알려줬다. 물론 이것들은 그저 하나의 스토리텔링에 불과하지만, 그 성공한 마케팅이 우리 스스로에게 거짓말을 하게 만들어 우리 자신과 주위 사람들을 다치게 하는 결과를 가져왔다.

문제는 결국 진정성이다. 사람들을 실망시키지 않을 스토리, 당신 스스로가 믿고 소비자들 또한 그 안에서 살아가기에 문제가 없는 스토리를 들려주어야 한다.

마케팅이 문제를 일으키는 것이 아니다. 마케팅은 단지 도구일 뿐이다. 문제는 사람이다. 눈앞의 이익에만 급급하고 탐욕과 이기심에 가득한 사람들. 하지만 마케팅에 종사하는 사람들만이 문제는 아니다. 소비자들 역시 공범이다. 스토리를 구매하면서 단 몇 분 동안 그 부작용을 생각해 보는 것조차 마다하는 소비자들은 성인이라고 볼 수도 없으며 자신들을 그저 하나의 인질로 전락시키는 것과 마찬가지다. 하지만 나는 일부 마케터들이 자신들이 가진 정교한 도구를 악용해 수많은 사람들의 건강과 이익을 단돈 몇 푼과 바꾸는 것을 보면서 나 자신이 마케터라는 사실에 부끄러움을 느낀다.

다행인 점은 인간 대 인간의 진정성 있는 마케팅은 무섭도록 강력하다는 것이다. 신뢰할 수 있는 스토리를 이야기하고, 약속한 것을 실현할 수 있는 제품이나 서비스를 창조한다면 다른 방식으로 이 게임을 끝낼 수 있다. 마케터와 고객이 함께 승리를 거두는 윈−윈 게임을 만들 수 있는 것이다.

진정성이 깃들고 부작용을 최소화하려는 노력이 더해진 스토리는 세대를 넘어서는 브랜드(또는 비즈니스)를 구축한다.

왜 세련된 여성은 미니밴을 싫어하는가

내 아내 같아도 미니밴은 싫다고 할 것이다. 우리 집 아래쪽에 사는,『뉴욕 타임스』칼럼니스트인 내 친구 역시.

자동차가 무슨 라이프스타일의 대변자라도 되나? 브랜딩 도구도 아니고, 개인을 마케팅하는 수단도 아니며, 그저 교통수단일 뿐인데…….

자동차는 우리 삶에서 가장 값비싼 선택 중 하나지만, 논리적인 이유에 따라 자동차를 선택하는 경우는 드물다.

모든 자동차는 나름의 스토리를 갖고 있는데, 그중에서도 미니밴의 스토리는 유달리 명료하다. 미니밴이 내구성이 뛰어나고 비용 면에서 효율적이며, 연비도 높고 SUV보다 승차감이 훨씬 안락하다는 사실은 중요한 게 아니다. 가장 중요한 것은 그것이 사람들에게 어떤 느낌을 갖도록 해주는가이다. '사커 맘들이 하루 종일 아이들을 위해 마치 택시기사가 된 양 운전을 한다'는 스토리가 이 차의 유용성을 손상시킨다. 이 스토리를 피하기 위해 사람들은 일생 동안 차를 사는 데 몇십만 달러를 더 지출하는 것이다.

미니밴의 스토리 대신 SUV를 선택하는 사람이 더 많다. 그들은 '사실'이 아니라 '스토리'를 믿는 사람들이다. SUV의 연비는 형편없다. 또한 이 자동차는 운전자와 승객, 그리고 상대 차에 탄 사람들에게 미니밴보다 훨씬 위험하다. SUV는 평균치보다 오염물질을 훨씬 많이 방출할 뿐만 아니라 도로를 손상시키고, 고속도로와 주차장에서 더 넓은 공간을 필요로 한다. 하지만 그 대신, 사람들을 기분 좋게 만든다.

그래서 뭐가 어떻다는 거야? 사실을 직시하지 않고 스토리를 믿는 게 무슨 약점이나 어리석다는 증거라도 된다는 얘기야?

아니, 그렇게 생각하지는 않는다—적어도 그 부작용을 떠올리기 전까지는.

오늘날, 마케팅의 힘이 매우 강력해진 만큼 마케터들에게는 새로운 종류의 책임이 부여되었다. 장기적 이익과 함께 시장의 장기적인 안전에 대한 책임. 많은 부를 축적했지만 그 대신 인명을 해치고 우리의 공유 자원을 쓸데없이 고갈시키는 결과를 가져왔다면, 그것은 윤리적으로나 상업적으로나 현명하지 못한 처사가 아닐까? 비윤리적 마케팅에 비하면 핵무기가 앗아간 생명은 아주 작은 숫자에 불과할 것이다. 이제 당신도 이 세상에 마케팅보다 더 강력한 무기는 없다는 사실을 알아야 할 것이다.

마케팅 스토리는 거의 즉각적인 효과를 나타내며, 동시에 그 효과는 수십 년간 지속될 수도 있다. 폴 프뤼돔(Paul Prudhomme. TV 요리 프로그램 진행자 - 옮긴이)이 들려준 레드피시(redfish) 스토리는 이 물고기를 전국 각지 레스토랑의 주 메뉴로 만들었고, 결과적으로 씨를 말리는 사태를 가져왔다. 코카콜라와 펩시콜라는 콘 시럽에 관한 스토리를 지어냈으며(치열한 저칼로리 전쟁을 펼치던 두 회사는 콘 시럽과 인공 감미료로 칼로리는 반으로 낮추면서 맛에는 변화가 없는 콜라를 개발했다고 발표했다 - 옮긴이), 이 신화는 수백만 명을 심장마비와 당뇨병으로 일찍 죽게 만들었다.

나는 폐수를 허드슨 강에 몰래 방류하는 공장 관리자나, 그와 유사한 부작용을 지닌 스토리를 만들어내는 마케터나 별반 다를 바 없다고 생각한다. 마케팅은 가공할 만한 위력을 가진 도구이고, 따라서 마케터에게는 그에 상응하는 책임이 따르는 것이다.

"우리는 그저 시장에 부응할 뿐입니다." "우리는 소비자들의 요구를 충족시킬 따름입니다." "성인이라면 스스로 결정할 권리가 있습니다."라는 말은 모두 속임수에 불과하다. 소비자들을 순간적으로 현혹시켜 결국 후회하게 만들 스토리를 지어내는 것은 마케팅 범죄 중에서도 최악의 것이다. 그리고 나중에 가서 그 책임을 회피하는 것은 말할 수도 없이 비겁한 행동이다.

단지 돈을 좀 더 벌고 싶었을 뿐이라는 변명은 거짓말의 위력을 악용해 사람들에게 상처 입히는 행위를 정당화하지 못한다.

매 우 쉬 운 질 문 두 가 지

나는 마케터가 이 사회의 양심이 되자고 제안하는 것이 아니다. 우리가 이 사회를 한 차원 높은 곳으로 끌어올리기 위해 애를 쓴다는 것은 끝이 보이지도 않을뿐더러 돈이 되는 일도 아니다. 물론 모든 사람들이 일터에 자전거를 타고 다닌다면 세상은 지금보다 더 살기 좋아지겠지만 그렇다고 해서 당신이 자동차를 마케팅해서는 안 된다는 의미는 아니다.

나는 그저 정직한 스토리와 거짓 스토리를 구분할 수 있는 매우 간단한 테스트를 제시하고 싶을 따름이다. 이 테스트는 소비자가 마케터에게 던질 만한 두 가지의 질문에 초점을 맞추고 있다.

질문 1: "만일 내가 당신과 똑같은 정보를 알고 있다면 과연 나는 당신이 판매하는 제품을 구매할 것인가?"

질문 2: "이것을 사용하고 경험한 후, 나는 이 스토리를 믿은 것에 대해 기뻐할 것인가, 아니면 속았다고 느낄 것인가?"

SUV는 이 테스트를 통과하지 못할 것이다. 몇몇 생명보험 상품도 마찬가지다. 반면 가격이 비싼 컨설팅은 좋은 스토리에

합당한 사례가 될 수도 있다.

장기적으로 볼 때 좋은 스토리는 마케터에게 그 값을 한다. 밤에 발 뻗고 편히 잘 수 있게 해주는 건 물론이요, 당신의 비즈니스나 당신이 속한 조직을 오래도록 번성하게 해줄 것이다. 또한 효과 있는 사이클을 구축함으로써 시장에서 오래도록 살아남고, 소비자들은 자신에게 이득을 주는 그 스토리를 계속해서 구매하게 될 것이다.

통 킹 만 사 건

1964년, 린든 존슨(Lyndon Johnson) 대통령은 마케팅 문제를 겪고 있었다. 그와 그의 최고 고문들은 동남아시아 지역에 대해 우려하고 있었고, 더 많은 병력을 배치하고 싶어 했다. 그러나 그들에게는 의회나 유권자들을 쉽게 설득할 만한 스토리가 없었다.

그래서 존슨은 통킹 만에서 미군 함정이 아무런 이유 없이 공격을 당했다는 스토리를 만들어냈다. 정부는 매독스(Maddox)와 C. 터너 조이(C. Turner Joy)라는 이름의 선박이 북베트남 어뢰정의 공격을 받았다고 발표했다. 이 스토리에 힘입어 존슨은 아칸소 주의 풀브라이트(Fulbright) 상원 의원을 설득해, 의회 결의를 이끌어내기 위해 투쟁하도록 했다. 그 결과, 풀브라이트는 투표한 90명의 의원들 가운데 88명의 찬성을 얻었고, 이와 같은 의회의 표결은 필요한 만큼의 병력과 무기를 베트남에서 사용할 수 있는 권한을 정부에 부여했다. 이런 결정에 반대표를 던지는 것은 우유부단하다거나 심지어 비애국적으로 보일 위험이 있었다(반대표를 던진 두 명의 의원은 다음 선거에서 낙선했다).

정부는 스토리를 들려주었고, 우리는 그 거짓말을 믿었다. 스토리는 미국의 대다수 유권자들의 세계관—"국가가 위협이나 공격을 받을 때에는 무력을 사용하는 것이 마땅하다"—과 맞아떨어졌다. 존슨은 아름답기 그지없는 스토리를 만들어냈다. 국회의원으로서 어떻게 국익에 반대되는 의견에 표를 던질 수 있겠는가? 어떻게 적의 편에 서서 표를 던진단 말인가? '우리 편이 아니면 적이다'라는 논리가 하나의 세계관으로 자리 잡았다.

그러나 이 전략은 두 가지 사실 때문에 성공적인 마케팅 접근 방법이 되지 못했다. 첫번째는 존슨과 맥나마라(McNamara), 그리고 팀 내의 다른 사람들이 의회와 국민에게 그 부작용을 숨기기 위해 쉴 새 없이 노력했다는 점이다. 스토리를 이야기해 주었더라면 국민들이 모든 사실을 이해하고 기꺼이 믿었을 것을, 정부는 전쟁의 끔찍하고 오랜 부작용을 은폐하기에 급급했다.

두번째 사실은 스토리가 애초에 완전한 허구였다는 것이다. 정부가 말한 두 선박은 공격을 받은 적조차 없었다. 오늘날 사용하는 완곡어법을 빌자면, 그것은 '잘못된 정보'였던 것이다. 존슨이 어떤 식으로 사람들을 잘못된 스토리로 이끌었는지가 미 국방부 기밀문서에 의해 폭로되자, 이 스토리에 대한 국민들의 지지는 힘을 잃기 시작했다. 스토리는 바뀌었고 그에 따라 사람들의 지지 또한 사라져갔다.

당신의 정치관이 어떤 것이든 간에 당신에게 마케터로서의 재능이 있다면 여기서 무엇이 잘못되었는지 알 수 있을 것이다. 마케터가 이용하는 스토리는 반드시 좋은 것이어야 하며 일련의 현실에 바탕을 둔 것이어야 한다. **소비자가 거짓말을 믿음으로써** 피해를 당하는 일이 생겨서는 안 된다. 만일 그런 일이 발생한다면 소비자들은 당신을 떠날 것이며, 신뢰는 그보다도 더 빨리 당신을 떠날 것이다.

임금님은 진짜로 멋졌다

어렸을 적 벌거숭이 임금님 이야기를 들어보지 못한 사람은 없을 것이다. 두 명의 사기꾼에게 속아, 벌거벗고도 자신이 아름다운 옷을 사 입었다고 생각한 임금님 말이다. 임금님은 스토리에 속아 넘어갔다—"멍청한 사람들의 눈에는 이 옷이 보이지 않습니다!" 그는 똑똑한 사람들만이 자신의 아름다운 옷을 볼 수 있다고 국민들을 윽박질렀고, 순진한 국민들은 임금님의 새 옷이 얼마나 아름다운지에 대해 큰 소리로 떠들어대며 이 사기 행각에 동참했다. 이때 "임금님이 벌거벗었다"고 폭로한 것은 천진난만한 어린이였다.

이 동화에는 한 가지 빠진 부분이 있다. 그것은 국민들 대다수가 임금님이 멋지게 차려입었다고 정말로 믿었다는 점이다.

물론 사람들은 처음에는 좀 미심쩍기도 했을 것이다(어쨌든 임금님은 옷을 입고 있지 않았으니까). 하지만 사람들이 계속해서 그에게 '마법의 옷'에 대한 스토리를 들려주자 그 역시 스토리를 믿기 시작했다. 그리고 스토리가 사방에 퍼져나가면서 곧 모든 사람이 그것을 믿게 되었다.

그들은 스토리를 믿고 '싶었기' 때문에 임금님이 멋져 보인다고 스스로를 설득했던 것이다. 그리고 그것이 바로 마침내 한 어린이가 "야, 임금님이 벌거벗었다!"라고 외쳤을 때, 별다른 반응을 얻을 수 없었던 이유다. 진실을 폭로함으로써 그 어린이는 이웃들을 바보로 만들고 화나게 했던 것이다.

상대방이 오랫동안 믿어왔던 거짓말을 폭로하는 방식으로는 친구를 사귈 수 없다. 만일 그것이 좋은 거짓말이었다면, 사람들에게 즐거움을 주고 삶의 활력소가 되는 거짓말이었다면, 그 거짓말을 빼앗음으로써 상대방에게는 상처를 주게 되는 것이다. 사실 거짓말에 관한 이 책을 쓰기가 처음에는 좀 망설여졌다. 왜냐하면 우리는 이런 거짓말들을 너무나 사랑하기 때문이다.

가령 친구 하나가 가짜 약을 먹고 좋은 효과를 얻었다고 치자. 그렇다면 그게 설탕가루에 불과하다는 말을 들려주는 것이 옳은 일일까?

만약 어떤 쿠바인이 산테리아(Santeria. 아프리카의 부족 신앙과 가톨릭의 제의를 결합시킨 쿠바의 토속 종교 - 옮긴이)의 의식에 참여해 마음의 평안과 인생의 의미를 찾았다면, 굳이 그것이 미신에 불과하다고 말해 줄 필요가 있는 걸까?

다이어트 책 사기를 즐기는 사람에게(『USA 투데이』 베스트셀러 목록의 10분의 1은 다이어트 책이다) 다이어트를 하면 오히려 살이 찐다는 사실을 알려줘야 할까?

지금처럼 과학이 엄청나게 발달하고 합리적 사고가 지배하는 시대에 초자연적이고 종교적인 가지각색의 스토리들이 여전히 우리를 지배한다는 것은 참으로 아이러니가 아닐 수 없다. 그렇지만, 아이러니긴 해도 놀랍지는 않다. 인간으로서 우리는 태어났을 때부터 줄곧 빨리 결정을 내리도록, 미신적이 되도록, 그리고 스토리를 들으며 배운 대로 자기 자신에게 거짓말을 하도록 훈련받아 왔으니까 말이다.

한 가지 말해 둘 것이 있다. 이 책이 나오기 6개월 전부터 사람들은 이미 온라인상에서 내 이론을 비판하고 있었다. "올바르지 못하다"는 둥, "성공하는 정당한 방법이 아니라 일종의 속임수"라는 둥. 한 가지 특이한 점은 대부분이 "스토리를 들려준다"는 아이디어에 불안감을 느낀다는 사실이다.

우리는 성능이 좋고 유용하며 가격도 저렴한 제품과 서비스를 개발하는 것이 성공의 지름길이라고 믿고 싶어 한다. 또한 무조건 열심히만 하면 보상이 따를 것이라고 믿고 싶어 한다. 그리고 마케터들은 대부분 자신을 스토리텔러가 아닌 혁신가로 칭하고자 하는 세계관을 지녔다.

마케팅 서적을 구입하는 수많은 이들 역시 "사실, 나는 스토리 따윈 듣고 싶지 않아."라는 세계관을 가졌다. 그들은 스토리에 관한 내 스토리를 듣고 싶어 하지 않는다.

하지만 이보쇼, 스토리텔링은 '내' 아이디어가 아니라고. 그건 당신 고객들의 아이디어란 말이지.

당신의 고객들은 스토리를 원한다. 만일 당신이 식스 시그마 같은 것에만 집착하고 스토리 들려주기에는 관심이 없다면 잠재 고객들은 당신을 떠나버릴 것이다.

그러니 제발, 나를 미워하지 말고 그들을 미워하라.

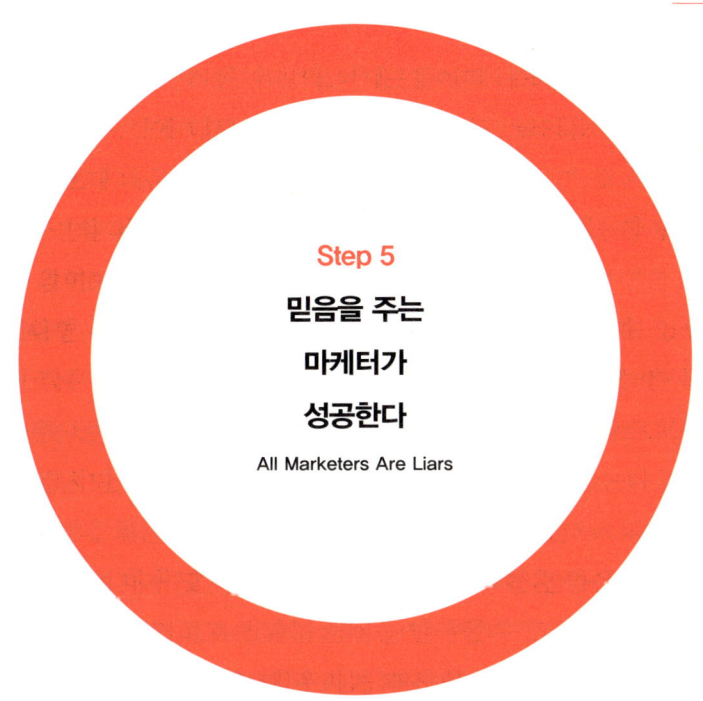

내 눈을 바라봐!

스토리는 당신이 만들어내는 것이 아니다. 스토리는 당신이 있건 없건 만들어진다. 만일 스토리가 만족스럽지 못하다면, 그 스토리를 바꿀 수 있는 유일한 방법은 당신의 소비자가 누군가와 직접 접촉하는 것뿐이다.

그 누군가란 소비자의 이웃이나 친구, 또는 선생님이나 직장 상사일 수 있다. 또한 당신의 부하직원 중 한 명일 수도 있다.

개인적인 상호작용이 통하지 않는 곳이란 없다. 사람들은 중요한 결정을 내릴 때 상대방의 눈을 똑바로 바라본다든지 어떤 것을 직접 경험해 본다든지 하는 방법으로 개인적인 상호작용을 시도한다. 바로 그렇기 때문에 닷컴 기업들은 충성고객을 만들기가 그렇게도 힘든 것이다. 구매 경험에서 얻어지는 상호작용까지 그들이 제공할 수는 없는 노릇이다.

개인적인 상호작용은 앵무새처럼 대본을 읊어대서는 결코 일어나지 않으며 한 인간으로서 상대방을 대할 때에만 일어난다. 고객이 뉴델리나 오마하의 좁은 칸막이 안에 있는 텔레마케터와 이야기를 나눌 때 거기서는 아무런 상호작용도 일어나지 않는다. 어느 상점의 직원이 고객에게 "저는 그렇게밖에 말씀드릴 수 없습니다. 그것이 회사의 방침입니다."라고 말한다면 그 점원은 부정적인 상호작용을 하고 있는 것이다. 하지만 한 인간으로서 자신의 판단 아래 소비자에게 이익이 되는 행위를 할 때에는 변화가 일어난다.

만일 당신의 부하직원들이 블로그에 정직한 글을 올리거나 메신저를 통해 고객들과 솔직한 대화를 나눌 수 있도록 허용한다면 그것도 소비자와의 정직한 의사소통을 도모하는 한 방법이 될 수 있다. 하지만 그러한 행위들에 신경이 곤두선다면, 당신은 스스로의 진정성에 대해 좀 더 고민해 볼 필요가 있다.

상호작용은 때로는 불쾌하고, 번거로우며, 어떤 때는 자기 본위로 행해지기도 한다. 하지만 거기에 진심이 깃든다면, 반드시 효과를 거두리라고 본다.

최 초 의   소 비 자 는   자 기   자 신 이 다

모든 마케터들의 목표는 보랏빛 소, 즉 너무나 리마커블한 나머지 도저히 이야기하지 않고는 견딜 수 없는 상품이나 경험을 창조하는 것이다. 리마커블한 상품이나 서비스는 아이디어를 저절로 퍼져나가게 만든다. 그것은 과대광고에 의지해서는 결코 할 수 없는 일이다.

그렇다면 과연 리마커블한 것은 무엇이며, 실제로 리마커블한 일이 일어나도록 만드는 것은 무엇일까? 나는 그 최선의 방법이 스스로 듣기에도 즐거운 스토리를 만들어내는 것이라고 생각한다. 친구나 동료들, 또는 네티즌들에게 이야기하기 전에 스스로에게 그 이야기를 들려줄 필요가 있다는 것이다.

정치가들은 이것을 '논지(talking point)를 정리한다'고 한다. 상인들은 '직접 경험해 본다'고 말한다. 만약 당신의 조직 전체를 특정 스토리를 전파하는 일을 중심으로 구축할 수 있다면, 스토리가 실제로 퍼져나갈 가능성은 극히 높아질 것이다.

우 리 는   두   번   속 지   않 는 다

당신에게 진정성이 있다면 다른 사소한 일들은 저절로 해결될 것이다. 당신의 메뉴는 요리와 잘 어울릴 것이며, 종업원이나 인테리어와도 완벽하게 어우러질 것이다. 스토리에 몸을 맡기고 그에 따라 살아간다면 모순은 사라질 것이다.

만일 '친절한 서비스'라는 메시지를 전달하고 싶다면 친절한 직원을 고용하라. '훌륭한 디자인'이 당신이 말하고자 하는 스토리의 핵심이라면, 당신에게는 사업을 운영할 디자이너뿐 아니라 회계사가 되어줄 디자이너 또한 필요하다.

스토리만 들려주면 만사형통일 거라는 얘기는 아니다. 사실 스토리는, 뭔가 말할 가치가 있는 리마커블한(그리고 정직한) 것의 필요성을 '증대시킬' 뿐이다.

겉으로 보기에는 그럴싸해도 결국에는 들통 나는 포템킨 마을(Potemkin Village. 예카테리나 대제의 정부이자 러시아군 총사령관이었던 포템킨이 자신의 공적을 과장하기 위해 황제가 시찰하는 마을을 화려하게 단장한 것에서 유래한 말로 '전시용의 가짜', 또는 '번지르르한 겉치레'를 말한다 - 옮긴이) 따위에 속기에는 인간은 너무 현명하다. 물론 한두 번 정도는 사람들을 속일 수 있을지도 모른다. 그러나 새로운 마케팅법에서 반드시 기억해야 할 것은, **한 번이라도 당신에게 속은 사람은 그 누구에게도 당신의 스토리를 전하지 않는다는 점이다.**

당신에게 진정성이 없다면 당신이 이익을 얻을 수 있는 것은 단 한 번뿐이며 그것으로 끝이다. 기만의 대가는 엄청나다.

프 리 우 스 는   진 정 성 이   있 다

애스턴 마틴(Aston Martin) 사는 얼마 전 15만 달러짜리 따끈따끈
한 신차를 발표했다. 이 차는 『뉴욕 타임스』로부터 10점 만점
에 12점이라는 놀라운 점수를 얻었다. 하지만 당신은 이 차가
아닌 재규어(Jaguar)의 이국적인 자동차나 볼보(Volvo), 또는 레인
지로버(Range Rover)를 선택할 수도 있을 것이다. 그런데 이 차들
은 모두 포드에서 만드는 것들이다. 그리고 놀라운 사실은 일
부 부품을 공통으로 사용하기도 한다는 것이다.

　모든 사람이 중고 혼다를 몰지 않는 이유는 무엇일까? 자동
차의 용도가 운전자를 한 장소에서 다른 장소로 안전하게 이
동시키는 것이라면, 엄청난 가격에 별로 안전해 보이지도 않는
재규어를 합리적인 선택이라고 볼 수 있을까? 만일 자동차가
대부분의 사람들에게 가장 값비싼 구매 대상이고, 가장 많은
자원을 소비하는 생산품이며, 대부분의 사람들이 이에 대해 별
지식이 없다면 아마도 당신은 사람들이 차를 선택하는 데 상당
히 신중을 기하리라고 생각할 것이다.

　그러나 사실상 어떤 자동차가 팔리는 이유는 그 차가 지닌
스토리 때문이다.

　그리고 최고의 스토리는 진정성이 깃든 스토리다. 가령 스포
츠카인 로터스 엘리스(Lotus Elise)는 아주 긴 구매 대기자 목록을
가지고 있는데, 그것은 이 차가 보기에도 멋질 뿐 아니라 경주
용 자동차로서의 화려한 이력과, 스토리와 일치하는 회사의 경

영방침 때문이기도 하다. 로터스 구매자들은 코스트코(Costco.
미국계 대형 할인매장 - 옮긴이)의 싸구려 여행 가방에서 로터스라는
이름을 발견할지도 모른다는 염려를 할 필요가 전혀 없다.

도요타 프리우스(Prius)는 이와는 아주 다른 독특한 스토리를
가지고 있다. 사람들이 이 차를 사는 이유는 자신이 얼마나 현
명한 사람인가를 세상에 알리기 위해서다. 이 차는 연비도 높
지만(1갤런당 50마일), 도요타의 엔지니어들은 이 차에 그 이상의
진정한 스토리를 부여했다. 그것도 기대 이상의. 이 차는 그 열
쇠마저도 똑똑하다.

프리우스에 다가설 때는 자동차 열쇠를 호주머니에서 꺼낼
필요도 없다. 자동차가 당신이 열쇠를 지녔다는 사실을 알아채
고 손잡이에 손만 대면 스스로 잠금장치를 풀어줄 테니까. 차
에 타고 시동 버튼만 누르면 차는 출발한다. 운전자들은 연비
뿐만 아니라 이런 잠금장치에서도 무한한 기쁨을 느낀다. 그리
고 이 차를 한번 몰아본 사람은(친구의 집에서든, 자동차 판매점에서든)
이 '똑똑한 자동차'의 스토리가 허울이 아니며 상당히 진정성
이 있다고 생각하게 된다.

도요타는 무엇보다 먼저 스토리를 들려주기로 결정했고, 그
런 다음 기술자들이 그 스토리를 자동차에 엮어 넣었던 것이다.

소이력 클럽도 진정성이 있다

내가 뉴욕에서 시간 죽이기에 가장 애용하는 장소는 비비언 쳉 (Vivian Cheng)이 운영하는, 눈에 잘 띄지도 않는 조그만 커피숍이다. 이 소이력 클럽(Soy Luck Club)에 가면 공짜로 초고속 인터넷을 사용할 수 있고 유기농 오트밀 쿠키와 콩으로 만든 셰이크, 그리고 아주 맛좋은 차도 마실 수 있다. 게다가 편안한 의자와 친절한 종업원에 분위기 또한 아주 좋다.

대부분의 사람들은 이 길을 지나치면서 소이력 클럽의 존재조차 알아차리지 못한다. 다만 소수의 사람들이 멈춰 서서 메뉴와 가게 모습, 그리고 어떤 사람들이 앉아 있는지 살펴본 후 마치 자기 가게나 되는 양 걸어 들어온다. 그들은 거의 순간적으로 이곳이 자기 취향이라는 것을 알아챈다. 비비언 쳉이 보여주는 스토리가 그들의 세계관과 일치하기 때문에 그들은 주문도 하기 전에 이미 그 스토리를 사버리는 것이다.

그녀는 어떻게 한 것일까? 내가 비비언에 대해서 좀 아는데, 아마도 그녀는 이것을 의도적으로 계획하지는 않았을 것이다. 이 가게에서 파는, 바나나와 콩 버터를 얹은 통밀 베이글은 메뉴에는 없는데, 그 이유는 비비언이 손님들로 하여금 이곳을 건강에 좋으면서도 파격적인 장소로 여기게 만들고 싶어 하기 때문이다. 메뉴에도 없는 베이글을 파는 이유는 비비언 자신이 베이글을 좋아해서 그것을 손님들에게 대접하고자 하기 때문이다.

소이력 클럽은 비비언이 어떤 사람인가, 그리고 그녀 자신은 어떤 곳에서 시간을 보내고 싶어 하는가를 그대로 드러낸다는 점에서 참으로 믿음직하다. 그런데 이 가게가 어떻게 이런 성공을 거두었을까?

비비언은 이곳의 분위기와 건강식, 푹신한 의자 등 그녀만의 독특한 스타일에 별 관심이 없는 사람들에게 이곳이 스타벅스보다 더 낫다는 것을 설득함으로써 성공을 꾀할 수도 있었다. 또한 심장병을 예방하려면 콩 음식을 많이 먹어야 한다고 설득할 수도 있었다. 하지만 이런 방법들로 성공할 가능성은 거의 없다. **사람들은 쉽사리 자신의 마음을 바꾸고 싶어 하지 않기 때문이다.**

그녀가 택한 방법은, 자신이 말하려는 스토리에 주목하고 그것을 받아들일 만한 사람들에게 다가가는 것이었다. 그리고 그녀는 그런 세계관에 어울리는 스토리를 구성했다. 한 블록 떨어진 곳에 있는 에퀴녹스(Equinox) 헬스클럽에서는 소이력 클럽에서 할인받을 수 있는 카드를 만들어준다. 그것이 효과적인 이유는 사람들은 신뢰하는 곳에서 받은 할인 카드라면 눈여겨볼 것이기 때문이다. 더 나아가 한겨울에 운동하는 데 돈을 쓰는 사람이라면 가까이에 있는 건강음식점의 스토리를 믿고 싶어 할 것이기 때문이다. 비비언의 사업은 그런 식으로 성공을 거뒀다.

아마도 이 충성 고객들이 친구들(그들과 세계관은 다르지만 다른 사람들이 하는 대로 따라 하기를 좋아하는 친구들이나, 자기 친구가 좋아하는 장

소에서 시간 보내기를 희망하는 친구들)에게 스토리를 전하기 시작하
면 비비언은 정말로 대박을 터뜨릴 것이다. 그것이 바로 스타
벅스가 번성한 이유이며, 또한 소이력 클럽이 성공한 이유기도
하다.

아 이 스 크 림 에   속 다

콜드 스톤 크리머리(Cold Stone Creamery)는 강력한 스토리로 시작
해 거의 1,000여 곳에 달하는 점포를 운영할 정도로 크게 성장
했다. 그러나 그 스토리는 이제 몰락의 길을 걷고 있다.

약 20년 전 애리조나에서 시작된 콜드 스톤은 마음속 깊은
곳에서 우러나오는 스토리를 들려주었다. 다음은 이 회사 강령
의 일부다.

평범한 냉동 디저트에 작별을 고하고 디저트계의 새로운 장을 연
다. 사람들을 행복하게 만드는 것을 제1의 사명으로 삼는다면 잘못
될 일이 뭐가 있겠는가? 우리 콜드 스톤 크리머리의 사명은 '얼티
미트 아이스크림 익스피어리언스®(Ultimate Ice Cream Experience®)'를
전달함으로써 사람들의 얼굴에 미소를 심어 주는 것이다.

그리고 그들은 해냈다! 그들은 사람들이 아이스크림 그 자체
가 아니라 기분 좋은 경험(모든 직원이 함께 CSC 송을 손님들 앞에서 부

르며, 기본 아이스크림과 토핑 중에 선택된 것들을 차가운 돌판 위에서 직접 비벼서 제공한다 - 옮긴이)을 하기 위해 일반 슈퍼마켓 아이스크림 가격의 다섯 배, 또는 열 배를 기꺼이 지불할 것임을 알고 있었다. 각 가정에서는 그 아이스크림을 먹는 경험이 전해주는 스토리 때문에 아이스크림 가게로 달려갔다.

이리하여 콜드 스톤은 무수한 팬을 거느리게 되었다. 46개 주에 매장을 가지게 되었고, 사람들은 그 아이스크림을 사기 위해 15킬로미터, 또는 30킬로미터의 먼 길을 마다하지 않았다.

문제는 오늘날 그들의 목표가 오직 성장하는 것이며, 프랜차이즈를 통해 그 목표를 달성하고 있다는 것이다. 일부 대리점 점주들은 창업자만큼 열정이 없으며 그 결과 불가피하게도 스토리의 진정성이 부족해서 그들이 들려주는 거짓말을 믿기 힘들게 된 것이다.

콜드 스톤 크리머리 매장 직원들은 이따금 난데없이 노래를 부른다. 팁을 위해 노래하기도 하고, 아이스크림을 먹는 즐거움에 대해 노래 부르기도 한다. 하지만 우리 집 근처에 있는 콜드 스톤 직원들이 부르는 것은 도저히 노래라고 할 수 없다. 그들의 노래는 마치 장송곡을 읊조리는 것 같다. 누군가 노래를 부르라고 시켰겠지만 직원들은 도대체 왜 노래를 불러야 하는지 알지도 못할뿐더러 관심조차 없다.

최대한 싸게 부려먹을 수 있는 직원들을 고용하는 걸 보면, 그런 대리점들은 자신들의 사업을 콘에 아이스크림을 담아 파는 것이라고 여기는 듯하다. 그건 아니다. 그들의 사업은 스토리를 들려주는 것이다. 때문에 노래와 미소와 친절한 직원들이 아이스크림 그 자체보다 훨씬 더 중요하다. 콜드 스톤은 비용 감축을 성공으로 가는 길로 생각해서는 안 된다. 왜냐하면 자신들의 경험이 텅 빈 거짓이었다는 사실을 아는 순간 고객들은 발길을 끊을 것이기 때문이다. 직원들이 즐겁지 않은데, 고객들이 즐거울 리 있겠는가? **어떤 감각이 다른 것들보다 더 중요한 것은 사실이다. 하지만 감각은 모두 중요하다.**

- 문을 열고 집안에 들어섰을 때 느껴지는 냄새
- 휴대 전화를 누를 때 나는 소리
- 레스토랑의 상가 내 위치
- 진열장의 상품 배치
- 상담원이 전화를 받는 태도
- 광고 전단의 글씨체
- 전화로 기부금을 모금하는 사람들의 신분

여기서 잠시, 지금 우리가 이야기하고 있는 이 변화들이 얼마나 중요한 것인지 생각해 보자. 20년 전만 해도, 60초짜리 TV 광고에 당신의 아이디어를 얼마나 잘 쑤셔넣는가 하는 것이 매우 중요한 문제였고, 가격이나 유통 등이 마케팅 전략의 핵심사항이었다.

오늘날, 당신이 건축가건 전도사건 혹은 과자 장사건 간에 매우 다른 게임의 법칙이 적용되고 있다. 스토리에 일관성을 유

지할 때에만 성공이 당신 것이다. 당신이 들려주고자 하는 스
토리와 일관성 있는 삶을 살아나간다면, 그 진실한 스토리에
사람들은 더욱더 믿음을 가질 것이다.

　실크(Silk. 미국의 두유 상표 – 옮긴이)를 슈퍼마켓의 냉장칸에 진열
하는 이유는(냉장이 필요 없는데도) 그들이 당신에게 '신선함'에 관
한 세심한 스토리를 전하고 싶어 하기 때문이다. 영양 보충용
과자를 비타민 매장이 아니라 계산대 옆에 진열할 때, 그들 역
시 당신에게 스토리를 전하고 싶은 것이다. **작은 몸짓 하나가 커
다란 메시지를 전한다.**

스토리는 교향곡이다

단 하나의 감각만이 독자적으로 작용하는 경우는 없다. 당신
이 레스토랑 창문에 메뉴를 손 글씨로 써서 손님을 유혹해도
의자가 불편하다면(설상가상으로 레스토랑에서 안 좋은 냄새까지 난다면)
손님은 당장 뛰쳐나갈 것이다. 당신이 동네에서 가장 훌륭한
정신과 의사라 할지라도 당신의 병원에 진료를 예약할 것인가
말 것인가를 결정하는 데는 당신의 의술보다 상담원과의 통화
10초가 더 중요하다.

　앞에서 나는 마케팅이 이제는 하나의 예술이 되어버렸다고
말한 바 있다. 이 예술의 핵심은 비언어적 기술을 사용하여 일
련의 약속(지킬 의지가 있는 약속)을 하는 당신의 능력에 있다. 개중

에는 자신도 모르는 새 이런 신호를 내보낼 줄 아는 운 좋은 사람들도 있다. 하지만 우리들 대부분은 이를 위해 노력이 필요하다. 우리는 우리의 가망 고객들의 성향이 어떠한지, 그래서 그들에게 스토리를 들려줄 때 어떠한 상징을 이용해야 하는지 알려고 노력해야 한다.

어디서부터 시작해야 할지 모르겠다고? 다른 분야에서 그와 유사한 스토리를 이야기하는 사람을 모방하라. 그 사람이 사용하는 작은 단서와 신호를 찾아내라. 그중 한두 가지만 시도할 것이 아니라 그 모두를 사용하라. 당신의 스토리는 단조로운 하나의 선율이 아니라 교향곡이다.

소 비 자 가   정 말 로   원 하 는   것

명심하라. 최고의 스토리는 소비자의 세계관이 원하는 것을 충족시킨다. 예를 들자면 다음과 같은 것들을 제공해 준다.

- 지름길
- 경이로움
- 돈
- 사회적 성공
- 안전
- 자부심

- 재미
- 기쁨
- 소속감

이 밖에 공포감을 이용할 수도 있다. 위에서 나열한 것들과 반대되는 상황에 빠지지 않도록 해주겠다고 약속하는 것이다.

소비자들은 모두 다 다르다. 하지만 궁극적으로는 모두 다 같은 결과를 원한다. 승진을 원하고, 유명해지기를 원하고, 건강하게 잘 살며 똑똑해지기를 원한다. 기쁜 일에 놀라고, 진심어린 칭찬을 원한다.

표준적인 마케팅에서 중요한 요소들로 여겨지는 것들이 있다. 유감스럽게도 그런 것들은 사실은 중요하지 않다. 왜냐하면 **성공적인 스토리들은 일반적으로 마케터들이 가장 중요하다고 생각하는 요소들을 '결코' 제공하지 않는다.** 예를 들어 좋은 품질, 저렴한 가격, 같은 조건에서 얻을 수 있는 최고의 것, 알맞은 가격의 쓸 만한 제품, 편리함, 친절한 직원, 고급스런 광고 전단, 결함 없는 상품, 산업 표준 규격……. 이들 중 그 어떤 특징도 스토리에는 도움이 되지 않는다. 그 어떤 소비자도 스스로에게 이런 특성들에 관한 스토리를 이야기하지 않을 것이며, 또한 이런 특성이 주변 사람들에게 이야기할 만큼 리마커블한 것이라고 생각하지도 않을 것이다.

조금 더 좋은 드릴이나 약간 더 영양가 있는 머핀을 사고 싶어 애를 태우는 사람은 아무도 없을 것이다. 리마커블한 스토리를 퍼뜨리는 것이 결코 쉽지는 않은 일이나, 그만한 가치가 있는 일임에는 틀림없다.

그러므로 당신의 제품과, 당신의 서비스와, 당신의 조직과, 당신의 이력서는 다음과 같은 물음으로부터 출발해야 한다.

"나는 얼마나 훌륭한 스토리를 들려줄 수 있는가?"

거짓으로 가득한 세상에서
경쟁하기

All Marketers Are Liars

아마존 방식으로는 아마존을 이길 수 없다

창의적인 스토리텔링의 원칙들은 매우 그럴듯하게 들린다. 하지만 경쟁 상태에 놓이게 되면 어떻게 할 것인가? 시장에서 각각의 스토리들이 경쟁해야 한다면 어떻게 할 것인가?

가장 중요한 기본 원칙은 다음과 같은 것이다—**경쟁자와 똑같은 스토리를 그들보다 좀 더 잘 이야기하려고 해서는 결코 성공을 거둘 수 없다.**

똑같은 스토리를 따라 하면서 상대방을 물리친다는 것은 거의 있을 수 없는 일이다. 몇 년 전, 나는 월마트 인터넷 팀에게 프레젠테이션을 한 적이 있다. 그들은 나에게 자기네 사무실을 구경시켜 주었는데, 거기에는 "**아마존 방식으로는 아마존을 이길 수 없다**(You can't out-Amazon Amazon)"라고 적힌 커다란 현수막 이 걸려 있었다. 당시 월마트는 시애틀의 그 조그만 경쟁자보 다 100배는 더 큰 회사였다. 그런 월마트도 아마존을 쫓아 하 는 것에 두려움을 느꼈는데, 하물며 당신이 이미 시장에서 자 리 잡은 경쟁자를 그런 방식으로 이길 수 있겠는가?

이것은 경쟁과 관련해서 가장 어려운 교훈이다. 마케터(뿐 아 니라 모든 인간)는 언제나 앞서가는 자들을 따르도록 잘 훈련되어 있다. 우리는 경쟁에서 효과를 발휘하는 것이 무엇인가를 알아 내 상대방보다 그것을 더욱더 잘하려고 하는 본능을 타고났다. 가격으로 승부하려는 상대에게는 더욱 싼 가격으로, 속도로 경 쟁하려는 상대에게는 더욱 빠른 속도로.

문제는, 소비자가 일단 누군가의 스토리를 구매하고 그 거짓말을 신 뢰하고 있다면, 그로 하여금 생각을 바꾸도록 설득한다는 것은 그가 틀 렸음을 스스로 인정하라는 것과 마찬가지라는 사실이다. 사람들은 자신 이 틀렸다고 인정하기를 무척 싫어한다.

그렇기 때문에 당신이 해야 할 일은 사람들에게 좀 '다른' 스 토리를 들려주고, 당신의 스토리가 그들이 현재 믿고 있는 스 토리보다 더욱 중요하다는 점을 설득하는 것이다. 만일 당신의 경쟁자가 당신보다 빠르다면, 당신은 그보다 더 저렴해야 한 다. 만일 그들이 '건강'이라는 스토리를 판다면, 당신은 '편리함'이라는 스토리를 팔아야 한다. 단순히 "우리가 더 싸다"는 일차원적인 포지셔닝에 그칠 것이 아니라, 기존의 스토리와는 전혀 다른 살아 숨쉬는 스토리를 들려주어야 한다.

우트닷컴(Woot.com)은 오늘날 인터넷 세계의 성공 스토리를 일구어냈다. 수만 명의 회원이 매년 수백만 달러의 판매고를 올려준다. 광고도 하지 않으며, 정식 직원도 몇 명 되지 않음에도 불구하고. 그들은 어떻게 한 것일까?

우트가 한 일은 하루에 단 한 가지 제품만을 판매한 것이다.

그들은 아마존의 방식으로 아마존을 능가하려 하지 않았다. 그 대신 매우 설득력 있는 스토리를 들려주었다. 그 스토리는 믿기도 쉽고 퍼뜨리기도 쉬웠다. 매일 밤 자정이 되면 우트는 단 한 종류의 상품을 엄청나게 저렴한 가격에 내놓는다. 그 상품이 매진되면 그날 판매는 그것으로 끝이다. 내일은 새로운 상품이 등장한다.

우트는 보랏빛 소다. 사람들이 이야기할 만한 스토리를 가진 리마커블한 비즈니스다. 그리고 그 스토리는 그들 외에는 아무도 갖지 못한 그들만의 스토리기에 앞으로도 성장할 가능성은 무궁무진하다.

먼저 치고 나가기

조지 W. 부시는 존 케리만큼이나 말 바꾸기 선수다. 이건 논란의 여지가 없는 사실이다. 하지만 그 스토리를 선점한 사람은 부시였다. 부시와 그의 참모들은 숙련된 솜씨로, 케리가 한 가지 스토리에 집중하지 못한다는 스토리를 들려주었다. 수백만이 그 거짓말을 믿었다.

케리 진영이 대응한 방식은 어리석게도 부시가 케리만큼이나 말을 잘 바꾼다는 사실을 강변하는 것이었다. 당연한 얘기지만, 이 스토리는 이미 퍼져 있던 상대방 스토리 때문에 주목을 끌지 못했다. 존 케리 진영의 스토리가 진실인지 아닌지는 전혀 상관 없었다. 경쟁자가 이미 그 스토리를 팔아 성공을 거두었으므로 케리가 같은 방법으로 성공할 가능성은 없었다.

그러자 케리 진영은 말 바꾸기가 융통성의 또 다른 표현이라면서 그 긍정적인 측면을 강조하려고 애썼다. 하지만 그 스토리는 잘 퍼져나가지 못했다. 왜냐하면 부시 진영에서 들려준 케리에 관한 이야기가 수백만 유권자들의 세계관에 부합했기 때문이다. 케리의 스토리를 받아들이기 위해서는 유권자들이 자신이 틀렸다는 사실을 인정하지 않으면 안 되었다. 그리고 그런 일이 일어날 가능성은 거의 없었다.

가장 좋은 전략은 먼저 치고 나가는 것이다. 그리고 실패한다면 아직 누구를 찍을지 결정하지 못한 사람들의 세계관에 부합하는, 완전히 다른 스토리를 이야기하는 것이 차선책이 될 것이다.

새로운 공동체를 찾아서

아마도 당신은 스토리를 정착시키는 데 이미 성공한 사람들과의 경쟁에 직면하게 될 것이다(투자자나 경영자들은 이미 입증된 시장에 시간과 돈을 투자하는 것을 선호한다. 설사 그런 시장에 진입하기가 더 어려울지라도). 경쟁자의 스토리는 세계관을 공유하는 공동체 내에 널리 퍼져 있으며, 당신의 상사는 당신이 바로 그 공동체에 스토리를 이용해 접근하길 바란다. 당신의 상사는 이미 존재하는 세계관에 스토리를 적용시키기만 하면 된다고 생각한다.

예를 들어, 당신이 일하는 비영리단체에서 고액 자산가들에게 기부금을 모금하려 한다고 해보자. 또는 열성적인 스포츠팬들에게 시즌 티켓을 판매한다고 하자. 앞에서도 이야기했듯이, 이런 활동은 매우 어렵다. 그나마 다행인 것은 당신이 타깃으로 삼고 있는 공동체가 이런 일에 어떤 식으로 반응하는지 이미 알고 있다는 사실이다. 유감스러운 것은 그들이 더는 새로운 스토리를 원하지 않는다는 것이다. 그들은 자신들의 문제를 이미 해결했고, 그런 상황에서 당신이 기대할 수 있는 것은 결코 큰 부분이 아닌, 그저 조그만 한 귀퉁이를 차지하는 것뿐이다.

자, 이제 최선책은 다른 공동체를 찾아내는 것이다. 다른 세계관을 가진, 그리고 다른 스토리를 듣고 싶어 하는 공동체를. 그 대표적인 사례가 『포지셔닝(잭 트라우트·알 리스 지음)』에서 언급한 '세븐업'의 경우다(콜라를 원치 않는 고객에게 '언콜라Uncola' 캠페인으로 승부했다). 하지만 이제 우리는 거기서 한 걸음 더 나아가야 한다.

이제껏 충분히 대우받지 못한 공동체가 가진 세계관에 부합하는 완전히 새로운 스토리를 발명해 내라. WNBA(미국 프로 여자 농구)는 '여성들의 농구'를 창조함으로써 그 일을 해냈다(나는 그들이 결국에는 실패했다는 사실이 이 사례에 대한 연구를 덜 흥미롭게 만들 것이라고는 생각하지 않는다. 그들이 실패한 것은 스포츠 팀을 먹여 살릴 막대한 TV 방영료를 얻는 데 실패했기 때문이다). WNBA는 "농구 팬 여러분, 이건 남자 농구하고 똑같아요. 하지만 입장료는 훨씬 싸다고!"라고 선전하는 대신, 새로운 집단(가족, 여성, 그리고 어린이들)에게 가서 근본적으로 다른 스토리, 즉 선수와 팬들 사이의 상호작용의 변화와, NBA와는 전혀 다른 경기 경험을 제공했다.

당신의 스토리를 받아들이고 당신의 성공을 보장해 줄 새로운 공동체를 얼마든지 찾아낼 수 있을까? 물론 아니다. 하지만 당신의 경쟁자가 지배하고 있는 공동체에 구애의 눈길을 보내봤자 실패할 것이라는 사실 또한 분명하다.

공 동 체 쪼 개 기

만일 경쟁의 승패가 갈렸고, 소비자들이 모두 이미 경쟁자의 스토리를 사버린 시장에 진입하게 된다면 어떻게 해야 할까?

이는 곧 당신의 경쟁자가 들려준 스토리가 '통하고' 있다는 뜻이다. 따라서 같은 사람들에게 같은 스토리를 들려주어서는 성공할 수 없다(더 큰 소리로, 좀 더 멋지게 이야기해 봤자 소용 없는 짓이다). 그 대신 대다수의 세계관과는 다른 좀 더 독특한 세계관을 가진 일부 사람들에게 색다른 스토리를 들려줌으로써 성공을 창조해야 한다. 예를 들어 1인당 300달러를 호가하는 뉴욕의 스시 레스토랑 '마사(Masa)'는 외식을 좋아하고 초밥을 좋아하는 이들에게 다가가서 좀 다른 스토리를 들려주었다.

"세계 최고의 초밥, 그러나 기꺼이 돈을 지불하는 사람들만 맛볼 수 있다."

마사가 등장하기 전까지, 세상에는 스시에 관한 스토리를 듣고 싶어 하는 일단의 사람들이 있었다. 간편한 스시, 훌륭한 스시, 또는 스시의 가치 등등. 이들은 "우리는 스시를 좋아한다."라는 단일한 세계관을 가진 동질적인 집단으로 취급되었다.

그러나 마사는 이 공동체 중에서도 일부에게만 스토리를 들려주었다. 마사는 "나는 스시를 좋아한다."라는 세계관에 더해 "최고급"이며 "세계 최고"의 스시에 관한 스토리를 듣고 싶어 하는 이들에게 그들이 원하는 스토리를 들려주었다.

"스시를 사랑하는" 공동체의 일부가 그 스토리를 듣고 그것을 믿었다. 스토리는 그들의 음식에 관한 세계관뿐만 아니라 그들의 자부심과, 돈을 쓰는 데서 오는 느낌과도 일맥상통했다. 반면 그 밖의 사람들은 이 스토리에 대해 "웃기는군."이라는 반응을 보였다. 이렇게 스시에 관한 세계관을 두 그룹(스시에 그만한 값을 치를 가치가 없다고 생각하는 대다수 그룹과 새로운 스토리를 기꺼이 믿는 소수 그룹)으로 쪼갬으로써 마사는 성공에 이를 수 있을 만한 충분한 숫자의 사람들을 따로 떼어낼 수 있었다. 이제 이 레스토랑이 자신들이 약속한 경험을 실제로 제공하고 소수 그룹이 친구들을 데려오기 시작할 만큼 리마커블해진다면 수익을 창출하게 될 것이다.

지금 당신의 눈에 비친 어떤 세계관이 획일적인 것처럼 보일지 모르나, 실상은 아마도 그렇지 않을 것이다. 포춘지 선정 500대 기업이 정보기술 분야에 수천만 달러의 예산을 집행할 중역들을 영입하기 시작했을 때, 이 500명의 최고정보관리책임자(CIO)들은 모두 똑같은 세계관을 지닌 듯이 보였다. 하지만 얼마 안 가서 이 기민한 경쟁자들은 이들 가운데 일부는 리스크를 피하는 스토리를 듣고 싶어 하는 반면, 또 다른 이들은 리스크를 감수하는 모험가라는 명성을 절실히 원한다는 사실을 알아차렸다. 브로드뷰(Broadview)와 IBM, 시스코(Cisco) 같은 기업들은 누가 어떤 스토리를 믿을 것인지 알아내기 위해 열심히 노력했고, 그 결과 시장을 평정할 수 있었다.

성 공 을 향 한 또 다 른 길

만약 공동체를 쪼개도 충분한 시장을 확보할 수 없다면? 이 경우 남은 방법은 모든 공동체에서 사람들은 하나 이상의 세계관을 동시에 지니고 있다는 사실을 인식하는 것이다.

예를 들어, 자전거에 많은 돈을 들이는 사람들은 속도와 관련
된 스토리에 반응한다. 이런 세계관은 오랫동안 자전거 시장의
핵심적인 역할을 해왔다. 캄파뇰로(Campagnolo) 같은 이탈리아
회사들이나 일본의 몇몇 급성장한 회사들은 속도에 관한 좀 더
나은 스토리를 들려주는 데 총력을 기울였다.

그러던 중 일부 미국 회사들(가령 트렉Trek과 같은)이 이들 청중
에게 다른 스토리를 들려주기 시작했다. 그것은 '편안함'에 관
한 스토리였다. 편안함이라는 스토리는 사람들을 설득했고, 경
주용의 전통을 지녔지만 실제로는 즐기기 위해서 타는 산악자
전거나 하이브리드 바이크를 사는 데 1천 달러, 또는 5천 달러
를 쓰게 만들었다. 경주용 자전거를 판매하기 시작한 지 14년
후인 1990년이 되자, 트렉은 날개를 단 듯 순항하기 시작했다.
그것은 그때까지 자전거 구매자 공동체 내에서 푸대접받는 세
계관을 가진 이들에게 스토리를 들려주는 데 초점을 맞춘 결과
였다. 오늘날 이 시장에서 성공을 거둔 대부분의 회사들은 나
이 든 베이비붐 세대에게 좀 더 편안한 자전거를 판매함으로써
번창해 왔다. 자전거 애호가들이 나이가 들면서 그들의 세계관
도 바뀌었고, 그에 따라 성공적인 스토리 또한 바뀌게 된 것이
다. 이야기하기 쉽고 행동에 옮기기 쉬운 스토리에 의지함으로
써 그들은 시장에서 더 많은 이들을 자극할 수 있었다.

리마커블?
아직도 갈 길은 멀다

All Marketers Are Liars

리 마 커 블 하 거 나   보 이 지   않 거 나

『보랏빛 소가 온다』에서 나는 안전한 길이 곧 위험한 길이며, 이 혼란스러운 세상에서 성장할 수 있는 유일한 길은 리마커블한 무언가를 하는 것이라고 주장한 바 있다.

이제 이 책도 막바지에 이르면서, 당신이 안도의 한숨을 내쉬는 소리가 들리는 것 같다.

"그냥 스토리만 말하면 되는 거구나!"

그저 그뿐일 것 같다. 조직 내에서 인정할 만한 스토리를 생각해 내어 영업 부서에 제시하고, 잡지 광고에 내보내기만 하면 끝이다.

정말로 그렇게 했다가는 당신도 끝이다.

아무 스토리나 그냥 사용할 수는 없다. '당신'의 관점에서 바라본 이기적인 스토리를 들려줘서는 안 된다. 진부한 상품을 가지고 진실성 없는 놀라운 스토리를 만들어낼 수는 없다.

2002년에 『보랏빛 소가 온다』를 출간한 이래, 천 명 이상이 내게 편지를 보내 이렇게 말했다.

"보랏빛 소를 가지고 있긴 한데, 그것을 어떻게 알려야 할지 모르겠습니다."

이보게들, 만일 당신이 가진 것이 진짜 보랏빛 소라면(당신이나 당신 상사가 볼 때만 그런 것이 아니라 고객들의 눈에도 그렇게 보인다면) 그것을 알리는 데는 아무 어려움도 없을 거라고!

통하는 스토리, 효과를 발휘하는 스토리, 퍼져나가는 스토리는 "도저히 믿을 수 없는!" 스토리뿐이다. 이런 스토리들은 단지 '퍼져나갈 수 있는' 스토리가 아니라 '퍼져나갈 수밖에 없는' 스토리다.

당신의 스토리가 외설스럽거나 소란스럽거나 상식을 벗어날 필요는 없다. 하지만 반드시 리마커블해야 한다. 마케터들은 자아도취에 빠진 나머지 자신의 스토리가 충분히 퍼져나갈 만한 것이라고 믿기 일쑤다. 하지만 무엇이 퍼져나갈지 결정하는 사람은 당신이 아니라 대중이다. 전할 만한 가치와 진정성이 있는 스토리는 계속해서 전해질 것이다. 그리고 그럴 만한 가치를 지닐 수 있을 것인가는 바로 당신에게 달려있다.

진실로, 진실로 좋은 소식은

제대로 된 스토리를 들려줄 수만 있다면, 당신은 저절로 보랏빛이 된다는 것이다. 훌륭한 스토리는 모두 보랏빛 소다. 이유는 간단하다. 훌륭한 스토리는 믿음을 주고, 그 거짓말은 계속해서 사람에서 사람으로 전해지기 때문이다. 그것은 그 스토리가 리마커블하다는 의미며, 그것은 또한 당신이 보랏빛 소라는 의미다.

어떤 스토리를 들려줘야 할지 아는 마케터들이 계속해서 보랏빛 소를 만들어내는 것은 결코 우연이 아니다. 하나의 과정이 확립되기 때문이다. 내 충고는 이렇다. 이제 두려움에 떨지 말고 그저 당신이 생각해 낼 수 있는 최고의 스토리를 들려주라. 나머지는 스토리가 알아서 할 것이다.

극단주의를 위한 변명

스토리를 들려주려고 하는 사람은 당신뿐만이 아니다. 따라서 미적지근하고 무난하기만 한 스토리텔링—모든 사람, 심지어 듣고 싶어 하지 않는 사람들까지도 만족시키는 스토리를 이야기하려는 것—은 아마도 실패할 것이다. 타협이라고는 모르는 괴짜들의 새로운 시도가 그토록 자주 성공하는 이유는 바로 이 굽힐 줄 모르는 스토리텔러들이 타협을 거부하기 때문이다.

이런 사람들과 함께 일하기는 좀 고단할지 몰라도 이들에게
는 누가 보아도 일관되고 한결같은 스토리를 들려주는 능력이
있다. 그들은 속임수를 쓰지 않는다. 그들은 스토리와 일치하
는 삶을 살고, 청중들은 자신들이 그 스토리를 명확하고 완벽
하게 이해하고 있음을 깨닫게 된다.

스토리텔러에게 컨설턴트는 암적인 존재이기 쉽다. 그들은
선거 후보자들에게 설문조사에 귀를 기울이라고 말하고, 레스
토랑으로 하여금 메뉴를 바꾸도록 조언한다. 가운데를 향해 등
떼밀려 가는 대신, 당신은 거울을 들여다보면서 리마커블하고
진정성 있는 스토리만이 퍼져나갈 기회를 얻는다는 사실을 깨
달아야 한다.

가 장 자 리 로   나 아 가 라   :   유 권 자   움 직 이 기

하버드 대학의 경제학자 에드워드 글레이저(Edward L. Glaeser)의
조사 결과, 집단의 가장자리에 속한 사람들의 투표율이 상대적
으로 높다는 사실이 증명됐다. 곡선의 가운데 부분이 아닌, 분
노한, 그리고 한 가지 주제에 깊은 관심을 가지고 집중하는 이
들 말이다.

이 결과로 미루어보면 후보들이 어떤 식으로 행동해야 하는
지 알 수 있다. 먼저 선거 전에는 잠재적인 지지 기반을 움직이
기 위해 급진적인 유권자들을 끌어들인다(내가 "다수 층을 움직이기

위해서"라고 말하지 않은 것에 주목하라). 그리고 선거 후에는 좀 더 많은 일을 할 수 있는 중심 부분으로 옮겨간다.

핫소스나 레이저 빔을 팔 때도 같은 원칙이 통한다. 리마커블해지기, 가장자리로 나아가기, 사람들이 이야기할 만한 뭔가를 하기—깊은 관심을 지닌 일단의 사람들로부터 보상받을 수 있는 행동은 이런 것들이다. **일단 스토리텔링에서는 극단주의자가 될 것이며, 그런 후에 당신의 제품이나 서비스를 우아하게 중앙으로 이동시켜 친구들에게 설득당한 청중의 입맛에 맞도록 만든다면 성공은 바로 당신 것이다.**

가 장 자 리 로 나 아 가 라 : 이 책 의 제 목

만일 스토리가 소비자들에게 거짓말을 믿도록 만드는 것이라면, 왜 이 책에 "모든 마케터는 스토리텔러다"라는, 좀 더 정확한 제목을 붙이지 않은 걸까?

그것은 가장자리로 나아가고 싶었기 때문이다. "모든 마케터는 스토리텔러다"라는 제목을 싫어할 사람은 없을 것이다. 아무도 그 말에 이의를 제기하지 않을 것이며, 내게 제목을 갖고 시비 걸지도 않을 것이다. 그리고 아무도 거기에 대해 이야기하지 않을 것이다.

재능 있는 마케터란 어떤 스토리를 선택해서 그것이 진실성을 잃기 직전까지 팽창시키거나 날카롭게 만드는 사람이다. 이해하기 쉽고, 아무 리스크가 없으며, 논란의 여지가 없는 이야기를 만들어내는 것이 당신의 목표가 되어서는 안 된다(절대코!). 지루한 것으로는 성공을 거둘 수 없다.

나는 보랏빛 소야말로 최근 10년간의 비즈니스 성공 스토리의 핵심이라고 믿는다. 내가 『보랏빛 소가 온다』에서 놓친 부분은, 리마커블한 요소는 반드시 보다 거대한 스토리의 일부이어야 하며, 당신의 제품을 소비자가 특별한 것으로 인식하게 만드는 인지 부조화(cognitive dissonance)의 기능을 담당해야 한다는 것이다. 그러기 위해서는 적극적인 태도로 가장자리를 향해 나아가야 하며, 그 누구도 들려줄 수 없는 스토리를 들려주어야 한다.

스토리텔링(또는 소)이 잘 통하지 않을 때

아주 작은 일이나 아주 큰 일에서는 스토리텔링이 잘 통한다. 내가 걱정하는 것은 이도 저도 아닌 그 중간이다.

• **작은 일에서** 적절한 스토리가 개인에게 도움이 되는 경우는 쉽게 찾아볼 수 있다. 가령 이력서나 면접, 또는 데이트를 생각해 보자. 당신과 마주한 사람이 짧은 시간 안에 당신에 관해 결정을 내려야 할 때, 있는 사실만을 곧이곧대로 이야기한다면 실패하기 십상이다. 우리가 타인과 관계를 이룰

때(어떤 종류의 관계든), 그 토대가 되는 것은 스토리다.

- **큰 일에서** 소비자로 하여금 브랜드 전체에 관한 커다란 거 짓말을 믿도록 하는 방법을 상상하기는 어렵지 않다. 델이 나 나이키 같은 기업들은 사람들이 그 회사가 제공하는 상 품이나 서비스가 괜찮다는 스토리를 믿을 때 번성한다.

- **중간일 때?** 하지만 크지도 작지도 않은 어중간한 일에서는 난관에 부딪히게 된다. 만일 당신이 새로운 종류의 토티노 피자(둥그렇지 않고 네모난 피자)를 새로 출시한다고 치자. 아니 면 비영리단체용 데이터베이스를 200달러에서 100달러로 인하하기로 했다고 해보자. 그런 걸로 급속히 성장하길 원 한다면 무리한 요구일 것이다. 물론 대박을 터뜨릴 가능성 도 없지는 않다. 하지만 대개의 경우 작은 변화는 작은 결 과를 가져다줄 뿐이다. 스토리텔링에서 가능한 일과 불가 능한 일의 경계를 미리 설정해 놓는다면 진정으로 리마커 블해지기는 어렵다. 당신과 당신 조직이 현상유지를 고집 한다면 리마커블해지기는 어렵다.

내가 좋아하는 중소기업 가운데 리틀 미스 매치(Little Miss Match) 라는 회사가 있다. 10대 소녀들을 타깃으로 134종이 넘는 다양 한 스타일의 양말을 판매한다. 이 회사가 멋진 이유는 짝이 맞 는 양말을 살 수 없기 때문이다. 이들이 파는 것은 짝이 맞지 않는 양말뿐이다(겹치는 디자인은 단 하나도 없다). 그들의 스토리는 어린 소녀들의 심리 상태를 중심으로 구축돼 있다. 이 컬러풀

하고 멋진 짝짝이 양말은 이제 막 '어린이'를 벗어난 소녀들로 하여금 친구에게 보여줄 거리를 제공하고 유행의 첨단을 걷는 것처럼 보이게 만들어줄 것이다.

여기서도 스토리가 통한 것이다. 청소년들이 일단 이 거짓말을 믿게 되면, 자신의 양말을 과시하고자 하는 욕구가 생긴다. 그리고 친구들에게 이 멋진 양말을 자랑할 때, 그 아이는 돋보이게 된다. 뒤따라 아이디어도 퍼져나간다. 한 아이에게서 다른 아이에게로, 심지어 튀고 싶다는 생각을 한 번도 해본 적 없는 소녀에게까지.

작은 스토리란 없다. 단지 작은 마케터가 있을 뿐이다. 당신의 스토리가 너무 작다면, 그건 스토리가 아니라 그저 귀찮은 방해물일 뿐이다. 리틀 미스 매치가 칭찬받을 만한 것은 그들이 작은 상품을 택해 커다란 스토리로 변모시켰기 때문이다.

당신의 스토리를 키우고 또 키워라. 중요해져서 사람들이 믿게 될 때까지.

보너스

파트 1

스토리텔링의
달인들

All Marketers Are Liars

나 어 때?

닛산 아르마다(Nissan Armada)와 미쓰비시 몬테로(Mitsubishi Montero)는 쓸데없이 큰 불꽃 모양의 휠(Wheel)이 장착된 SUV다. 이 불꽃 모양은 아무런 기능도 없다. 단지 그 큰 자동차를 더욱 커 보이게 만들고, 더욱 인상 깊게 만들 뿐이다. 아, 어쩌면 그걸 '기능'이라고 할 수도 있겠다. 그 차의 기능 자체가 바로 '커 보이는 것'이니까. 앞에서도 얘기했지만, 그게 바로 SUV를 선택하는 이유다! 달릴 때면 타이어를 감싸는 금속판이 물

결치는 이 우람한 차는 운전자에게 그 어떤 상황에서도 당신을 지켜줄 것이라는 믿음을 준다.

이게 바로 미국『소비자 보고서(Consumer Report)』의 어리석은 전문가들이 완벽하게 실수한 부분이다. 그 자동차들의 휠 디자인은 결코 쓸모없는 것이 아니다. 영리한 마케터라면 그러한 금속판형을 통해 들려주는 스토리가 그 비싼 자동차를 판매하는 데 놀라울 정도로 값싼 수단이라는 것을 이해할 것이다.

그렇다면 그것이 SUV의 성능을 향상시킬까? 글쎄, 만약 당신의 목적이 장거리 여행을 하는 것이라면 SUV는 그다지 좋은 선택이 아닌 듯싶다. 하지만 만약 당신의 목적이 스스로를 강하게 느끼고 자신의 힘을 타인에게 과시하는 것이라면, 이 SUV는 당신이 원하는 바를 완벽하게 실현해 줄 것이다. 이 자동차는 당신이 믿을 수 있는 스토리, 즉 당신이 그 차를 볼 때마다 스스로에게 들려줄 수 있는 거짓말을 당신에게 선사한다.

잭 슨   다 이 너

뉴욕 퀸스에 있는 잭슨 다이너(Jackson Diner)라는 인도 식당은 '제품 수용 주기(product-adoption life cycle)'가 그 어디에나 적용될 수 있음을 단적으로 보여주는 좋은 사례다. 사람들의 세계관이 저마다 다르다는 생각은 단지 기술 분야에만 적용되는 개념이 아니다.

10년도 더 전에, 미식가 짐 레프(Jim Leff)가 잭슨 다이너라는 작고 후미진 인도 식당을 발견했다. 그는 주위의 식도락가들에게 그 식당에 대해 격찬했고, 자신이 발행하는 그리 유명하지 않은 식당 안내 책자에도 그곳을 소개했다(그곳에 관해 더 자세히 알고 싶다면 www.chowhound.com에 들어가 볼 것). 모험심 강하고 대담한 사람들이 득달같이 달려가 음식을 맛보고는 즐거워했지만, 그렇다고 해서 그곳에 손님이 특별히 더 모이지는 않았다. 미식가가 아닌 사람들의 레이더에는 그 메시지가 포착되지 않았고, 그래서 그들은 그곳을 그냥 지나쳤기 때문이다. 그 동네에서는 저녁에 외식을 한다는 것이 기존의 세계관에 어긋나는 일이었다. 잭슨 다이너는 가장자리에 속했다.

그러다 도론 샤프(Doron Scharf)라는 한 회계사가 『자게트 서베이(Zagat Survey: 미국의 서비스업 평가 전문지 – 옮긴이)』에 잭슨 다이너에 대해 극찬하는 글을 싣게 되었다. 이후로 수십 건에 달하는 칭찬의 글이 다른 식도락가들에 의해 이어졌고, 그 결과 잭슨 다이너는 『자게트』로부터 높은 점수를 받게 되었다. 그리고 뉴욕에 있는 인도 식당 가운데 거의 최고 순위에 오르게 되었다.

1년이 채 지나지 않아, 외식을 자주 하는 세계관을 지닌 소비자들(즉 『자게트』의 충성스런 독자들)이 잭슨 다이너에 찾아오기 시작했다. 스토리가 훌륭한데다가("오랫동안 퀸스에 있어왔지만 아는 사람만 아는……") 『자게트』가 추천까지 했으니 안심할 만한 곳이었다.

그로부터 3~4년 뒤, 잭슨 다이너는 사양길로 접어들기 시작했다. 이제 그 곳은 다른 인도 식당과 별반 다를 바 없었으며, 사실 그보다 못한 점도 많았다. 식도락가들은 모두 그곳을 떠났다. 하지만 식당 주인은 군이 애쓸 필요가 없다는 사실을 알고 있고, 그래서 아무것도 하지 않는다.

왜냐고? 지금 잭슨 다이너는 그 어느 때보다도 손님들로 붐빈다. 주류적인 세계관을 가진 사람들—이미 검증된 식당에서 밥을 먹고 싶어 하는 이들—이 매일 밤 테이블을 가득 메운다. 그들에게는 음식 맛이 예전 같지 않다는 점은 아무런 문제도 되지 않는다. 그들에게 중요한 것은 이 식당이 스토리를 지녔다는 점이다. "내 친구 케빈이 오랜 단골이지. 얼마 전에는 『타임스』에 기사도 났더라니까." 이 스토리는 잭슨 다이너를 선택받은, 그러면서도 안전한 곳으로 만들어 준다.

이 사례는 최고로 붐비는 식당들이 그 맛을 유지하지 못하는 이유를 깨닫게 한다. 수용 주기 곡선을 따라 이동해 가다 보면 그들의 성공은 현재 얼마나 음식을 잘 하느냐와는 점점 관련이 없어진다. 그 보다 중요한 것은 얼마나 훌륭한 스토리를 지녔는가다.

아 발 론 의 스 토 리 텔 러 들

나는 지금 책상에 앉아 70퍼센트 이상이 유기농 재료로 이루어진 아발론(Avalon) 사의 '식물성 세라피 로즈마리 글리세린 비누'를 들여다보고 있다.

이 비누(초록색 플라스틱 병에 담긴 100그램 정도의 미끈미끈한 물질)는 여타의 비누들보다 자그마치 30배는 비싸다.

그렇다면 과연 30배의 값어치가 있을까? 이걸로 세수를 하면 30배 더 깨끗해질까? 비누를 굳이 유기농 원료로 만들 필요가 있을까? 물론 아니다. 하지만 나는 적어도 세 명의 각기 다른 친구들 집에서 이 비누를 발견했다.

아발론 제품의 경험은 그 매장에서부터 시작된다. 병을 집어들기만 해도 기분이 좋다. 내가 이렇게 비싼 물건을 살 수 있다니! 왠지 뿌듯하다. 유기농법으로 재배되는 로즈마리가 가득한 평원에 대해 나 자신에게 스토리를 들려주면 참 기분이 좋다. 이 친절한 작은 회사를 도와줌으로써 우리가 사는 행성에 보탬이 된다는 거짓말을 믿는 것은 기쁜 일이다.

이 비누를 사용할 때, 우리는 처음 비누를 사면서 자신에게 스토리를 들려주었을 때 느꼈던 좋은 감정을 다시 한 번 느끼게 된다. 좀 더 솔직히 말할까? 제품이란 당신이 가게를 방문한 기념품일 뿐이다. 그리고 그것을 살 때의 느낌을 상기시켜 주는 도구에 불과하다.

아발론은 약혼반지를 저당 잡히기 힘든 것과 똑같은 이유로 성공했다. 약혼반지는 단순히 하나의 반지가 아니다. 그것은 바로 추억이다. 아발론의 비누 역시 마찬가지다.

폭 스   뉴 스

텔레비전 뉴스는 '진실'이 아니다. 진실일 수 없다. 세상에는
이야깃거리가 너무 많고, 관점 또한 다양하며, 설명할 것도 산
더미 같다. 텔레비전이 이 모든 사실과 다양한 관점들을 일일
이 보여준다는 것은 있을 수 없는 일이다. 그나마 기자들이 바
랄 수 있는 최선의 해결책은 대중들이 좋아하고 광고가 붙을만
한 화재나 범죄에 관한 스토리와, 그보다 인기는 덜하지만 의
미심장한 이야기들을 적절하게 섞는 것이다. 그리고 우리는 그
것이 지나치게 편향되지 않기만을 바랄 뿐이다.

1996년 루퍼트 머독(Rupert Murdoch)과 로저 에일리스(Roger
Ailes)가 설립한 '폭스 뉴스(Fox News)'는 이와는 좀 다른 방식으로
접근했다. 그들은 모든 뉴스 보도에는 편견이 존재한다는 사실
을 알았고, 이런 필연적인 문제점을 이용해 그들의 타깃 청중
의 세계관에 영합하는 뉴스를 만들기로 한 것이다.

그들의 타깃 청중이 공유하는 세계관은 과연 어떤 것이었을
까?

- 일관성 있는 스토리에 대한 갈망
- 개인의 책임과 보수적 윤리관, 그리고 공화당적 정치관을
  중시하는 관점
- 이익에 영합하지 않고 공정성을 견지하는 듯한 태도

폭스 뉴스는 이에 맞추어 방향을 설정하고 스토리를 구성하기 시작했다. 수많은 개별적 성향이 한데 뭉친 방향성 없는 미디어가 되는 대신, 그들은 자기네 시청자들이 믿을 만한 일관성 있는 스토리를 뉴스로 내보내기로 한 것이다.

그들의 슬로건을 한번 살펴보자.

"공정하고 균형 있게."

폭스 뉴스가 과연 진실로 공정하고 균형 잡힌 견해를 지닌 방송국인지는 의문이지만 슬로건 자체는 참으로 멋지다. 이 문구는 청중들을 치켜세우고, 그들이 비주류 소수 집단이 아님을 상기시키며, 그들의 세계관이 적절하고 타당하다는 메시지를 전한다. 만일 "보수주의자들을 위한 뉴스"라는 슬로건을 내걸었다면 이런 좋은 느낌을 주지 못했을 것이다. 실제로 스토리가 효과를 발휘하도록 만드는 것은 미묘함과 섬세함이다. 마치 다수의 의견을 표방하고 있는 것처럼 행동함으로써, 폭스 뉴스는 스토리를 청중들이 이해할 수 있는 방식으로 재구성했다.

슬로건은 중요하며 이런 경우에는 더욱더 그렇다. 폭스 뉴스의 시청자들은 자신들이 기존의 미디어들에게 존중받지 못하고 있다는 세계관을 지니고 있었다. 그리고 그들은 어느 날 자신들과 똑같은 의견을 지닌 뉴스를 내보내는 방송을 목격했다. 그 방송은, 사실은 자신들이 주류이며 지금 듣고 있는 뉴스야말로 공정하고 균형 잡힌 것이라는 이야기를 들려준다. 그것은 거부할 수 없는 스토리였다.

폭스의 경영진은 매일 모든 필자들과 프로듀서, 앵커들에게 메모를 보낸다. 그 메모에는 그날그날 해야 할 이야기의 요점이 담겨 있다. 달리 말해, 그것이 바로 그들이 들려주고자 하는 스토리인 것이다. 뉴스를 스토리에 맞게 조정함으로써(스토리를 뉴스에 맞추는 것이 아니라) 폭스는 독자적인 관점을 개발한다. 그들은 시청자들이 기꺼이 믿고자 하는 스토리를 들려준다. 즉, 시청자들이 스스로에게 들려주고 더 나아가 다른 이들과도 공유할 만한 거짓말을 제공하는 것이다.

일관성 있고 화제가 될 만한 메시지를 제공함으로써, 폭스 뉴스는 시청자들의 세계관에 맞으며 그래서 퍼뜨리기도 쉬운 스토리를 들려주고 있는 것이다. 그들의 정책에 대해 비판할 수는 있어도, 그들의 성공 자체에 대해서는 반박할 길이 없다. 로저 에일리스는 자신이 스토리텔링 비즈니스를 하고 있다는 사실을 이해했으며, 그러한 통찰력을 바탕으로 수십억 달러짜리 사업을 궤도에 올려놓았다.

폭스 뉴스의 시청률은 연일 상승을 거듭하고 있다. 그 이유는 무엇일까? 그것은 자신들이 굳게 믿는 거짓말로 무장한 폭스 뉴스 시청자들이 친구들을 쉽게 설득하기 때문이다. 폭스 뉴스는 소문을 퍼뜨리지 않을 수 없는 하나의 리마커블한 현상이며 보랏빛 소다. 그 결과, 5년 전에는 폭스 뉴스를 결코 선택하지 않으려 했던 사람들이 이제는 고정 시청자가 되었다. 광고에 설득당했기 때문이 아니다. 친구와 이웃들에게 설득당했기 때문이다.

레스토랑이 식사를 하는 곳일까?

『뉴욕(New York)』이라는 잡지에 실린 한 타이 레스토랑에 관한 평을 살펴보자.

"이 식당은 맑고 투명한 연못의 가운데 쪽에 떠 있으며, 물 위에는 촛불과 수련들이 이리저리 떠다닌다. 이 식당에 앉아 있노라면 마치 크고 화려한 유람선을 타고 방콕에 있는 차오프라야(Chao Phraya) 강을 따라 내려가고 있는 듯한 느낌이 든다."

어, 우리 팟타이(pad thai. 타이의 대표적인 음식으로 쌀국수를 숙주 등과 함께 볶은 것 – 옮긴이)먹으러 온 거 아니었어?

물론 아니다. 우리가 여기에 온 이유는 스토리 때문이다. 만일 그 스토리가 믿을 만하고 마음에 와 닿으며 우리가 추구하는 세계관에 부합한다면, 어쩌면, 정말로 어쩌면 우리는 친구들에게 그것을 이야기할지도 모른다.

청취자 끌어오기

시리우스 위성 라디오(Sirius Satellite Radio)는 미국 전 지역의 자동차 안에서 라디오를 수신할 수 있는 시스템을 구축하는 데 지금까지 수억 달러를 투자했다. 그 결과 기술적인 부분이 해결되어 방송이 가능해진 상태에서 남은 일은 마케팅 부서가 사람들을 이 서비스에 가입시키는 것뿐이었다. 시리우스는 네트 워크를 구축하는 데 쏟은 것에 못지않은 노력을 새로운 고객을 확보하는 데 쏟았다.

전통적인 마케터 같으면 홍보를 위해 제품의 장점을 부각시 키는 광고를 만들어 배포할 것이다. 자동차 잡지나 오디오 잡 지를 타깃으로 삼을 수도 있다. 다음은 시리우스의 주요 특징 들이다.

- 전국 어디서나 똑같은 품질의 방송을 들을 수 있다.
- 100개 이상의 채널을 제공한다.
- 모든 장르의 음악을 커버한다.
- 음질이 매우 뛰어나고 고르다.
- 월 사용료가 10달러에 불과하다.
- 곡목이 화면에 표시된다.
- 별도의 수신기가 필요하다.

시리우스의 마케팅 부서는 선택을 해야만 했다. 위에 나열된 사실들을 모두 다 설명하자니 너무 복잡하고, 만일 그런 시도 를 한다고 해도 그것들을 다 들어줄 만큼 한가한 사람도 없을 터였다. 아마도 사람들은 광고를 무시한 채 지금까지와 조금도 변함없이 살아갈 것이다.

시리우스는 스토리를 들려줄 필요가 있었다. 어쩌면 좋은 음 질과 전국을 커버한다는 사실에 대한 스토리를. 한데 한 가지 문제가 있다. 아주 소수의 사람들(주로 트럭 운전사들)만이 "내 라디오의 수신 범위는 너무 좁아. 난 전국 어딜 가나 똑같은 노래를 듣고 싶단 말야!"라는 불만을 가질 만한 세계관을 소유했다는 사실이다. 사실 대부분의 사람들은 그와는 반대쪽 진영에 서 있다. "난 라디오에 대해서는 아무 불만이 없는데."

만일 당신이 지금 라디오 시스템에 아무런 불만 없이 살아가고 있다면, 세상에서 가장 훌륭한 라디오 시스템이라 할지라도 당신의 레이더망에는 잡히지 않을 것이다. 결국 당신에게는 보이지 않는 존재다.

이름 또한 문제다. 시리우스 위성 라디오. 이름만 들어도 뭔가 신비스럽고, 기술적으로 더 '나은' 라디오라는 이미지를 풍긴다. 하지만 지금 듣는 라디오 시스템이 형편없다고 믿지 않는 이상, 나는 시리우스 방송이 더 낫다는 거짓말을 받아들이지 않을 것이다.

가격을 낮추라는 요구에 따를 수도 있었다(영업사원들이 외치는 소리가 들리는 듯하다. "너무 비싸다구요!"). 하지만 가격이 문제가 아니다. 문제는 스토리가 청중들의 욕구를 불러일으키지 못한다는 점이다. 그리고 그 문제가 해결되기 전까지는 '충분히 싼' 가격이란 존재하지 않을 것이다. 만일 누가 당신에게 모루(판금 작업 때 공작 재료를 얹어놓고, 해머로 두드려 가공하는 대臺 - 옮긴이)를 사라고 한다면, 얼마면 사겠는가. 1달러? 진짜 좋은 모루인데도? 만일 어떤 제품이 당신에게 도움이 될 거라는 스토리를 믿지 못한다면 1달러도 비싸게 느껴지는 법이다.

다양성? 시리우스는 수백 개의 채널을 언제 어디서나, 그것
도 광고 없이 들을 수 있다는 스토리를 시도할 수도 있었겠지.
아아, 하지만 이번에도 똑같은 문제에 부딪힌다. 우리들 중에
더 다양한 라디오 채널을 듣고 싶어 하는 세계관을 가진 사람
은 거의 없다. 적어도 돈을 내고 해결할 만큼 심각한 문제는 아
닌 것이다.

자, 이제 시리우스는 어떻게 해야 할까?

그들은 하워드 스턴(Howard Stern. 미국의 유명 라디오 호스트 – 옮긴이)
을 영입했다.

모든 사람이 하워드 스턴의 방송을 듣고 싶어 하는 것은 아
니다. 그를 좋아하지 않는 사람도 많다. 하지만 적어도 하워드
를 좋아하는 사람이라면 하워드의 방송을 '계속' 들을 수 있는
방법을 알고자 할 것이다. 하워드를 기존의 라디오 방송에서
빼내 시리우스로 데려옴으로써, 이들은 수백만 명이 듣던 기
존의 라디오에 큰 손상을 입혔다. 하워드가 없는 라디오는 그
가 있는 라디오만 못하다. 무언가 조치를 취해야 한다. 시리우
스는 한 달에 단돈 10달러로 이 문제를 해결할 수 있다는 스토
리를 들려주었다. 여기에 채널의 다양성이나 수신 범위 등등은
아무 상관이 없었다. 사실 시리우스는 하워드 스턴의 팬들에게
다른 얘기를 해서도 안 된다. 명심해야 할 사실은 시리우스가
지금, 스토리를 듣고 기꺼이 믿고자 하는 사람들에게 그것을
들려줄 기회를 잡았다는 사실이다.

시간이 흐르면 시리우스에 가입한 수백만 명의 하워드 스턴

의 팬들이 시리우스의 새로운 장점을 발견할 것이고, 더 나아가 그들 중 일부는 그것에 관한 스토리를 퍼뜨리지 않을 수 없을 것이다. 스토리는 그런 식으로 퍼져나간다.

이래도 여행 안 할래?

영국의 여행사 룬 폴리(Lunn Poly)는 각 지점마다 코코넛 향 방향제를 뿜는 전자 분무기를 사용하고 있다.

"이 향기는 선탠로션과 열대의 풍경을 연상시키기 때문에 고객들에게서 즉각적인 반응이 나타나죠."

그리스의 섬으로 여행을 가야할 '필요'가 있는 사람은 없다. 하지만 우리에게 욕구를 불러일으키는 것은 지극히 미묘한 것들이다. 만일 다른 여행사들이 코코넛 오일에 조금 더 많은 시간을 투자하고 컴퓨터 모니터 앞에서 값싼 상품을 찾는 데 들이는 시간을 줄인다면, 트래블로시티(Travelocity. 유명 여행사의 이름 – 옮긴이)같은 것에 위협받을 일은 없을 것이다. 필요한 것은 개인적인 경험을 제공하는 일이며, 그 일은 키보드를 두드리는 것으로는 절대 해결할 수 없는 일이다.

다 이 아 몬 드 스 토 리

마크 베이든(Mark Vadon)은 보석 시장의 수익의 상당 부분을 빨아들이고 있는 블루나일닷컴(www.Bluenile.com)이라는 사이트를 운영한다. 그가 한 일이라고는 하나의 스토리를 다른 스토리로 대체한 것뿐이다.

"우리는 다음 세대의 티파니(Tiffany)가 되고 싶습니다."

하지만 그는 이미 성공을 구가하고 있다. 지난 한 해 동안 블루나일은 티파니보다 약혼반지를 더 많이 팔았다.

그가 저 유명한 푸른색 상자에 담긴 보석과 똑같은 제품을 반값에 판다는 사실에만 주목한다면, 그의 성공 원인을 오해하기 쉽다. **사람들이 원하는 것이 단지 저렴한 가격이라면 다른 곳에서 그보다 훨씬 저렴한 상품을 찾을 수 있다. 싸게 파는 것은 마케팅이 아니다. 블루나일의 전략은 싸게 파는 것이 아니다.** 마크는 언제든지 더 싸게 팔 수 있다는 것도 알고 있다.

다이아몬드에 대해 그는 이렇게 말한다.

"당신은 그 가치를 진정으로 평가하는 법을 배우게 된다. 어디서 생산되었고, 누가 세공했는지……. 우리의 다이아몬드 하나하나는 모두 스토리를 지니고 있다."

블루나일은 작년 한 해 동안 1억 5,400만 달러어치의 다이아몬드를 팔았다. 그렇게 할 수 있었던 까닭은 티파니처럼 그들도 구매자들이 믿을 만한 스토리를 들려주었기 때문이다. 스토리의 일부는 품질에 관한 것이고, 일부는 마지못해 티파니에서 보석을 사는 그 불쌍한 얼간이들보다 당신이 더 현명하다는 내용이다.

블루나일의 스토리는 남자들(약혼반지를 사는)을 직접 겨냥한다. 그 스토리는 그들의 세계관에 딱 들어맞도록 구성되어 있다.

스토리는 말한다.

"당신은 최적의 장소에서 최적의 다이아몬드를 구매하는 현명한 사람입니다."

이는 티파니도, 또 싸구려 보석점들도 할 수 없는 일이다. 여성들은 블루나일 스토리를 좋아하지 않는다. 왜냐하면 이 스토리는 티파니가 푸른색 상자 하나로 수천 달러를 받아먹는 사기꾼이라고 지적하기 때문이다. 그리고 바로 그런 이유로 남자들은 이 스토리를 좋아한다.

블루나일은 일용품을 파는 곳인가? 아니다. 일용품은 우리가 필요로 하는 것이지 우리가 원하는 것이 아니다. 아무도 다이아몬드를 '필요'로 하지는 않는다. 역설적이게도 가격 경쟁을 해야 한다고 생각하는 보석 가게들이 이 산업의 종말을 앞당기고 있다.

벤 브리지 보석점(Ben Bridge Jewelry) 체인을 운영하는 조너선 브리지(Jonathan Bridge)는 말한다.

"우리는 다이아몬드를 일상품처럼 판매하지 않으려고 애쓰고 있습니다."

그러기 위해서는 몇 캐럿짜리냐에 초점을 맞추는 대신 스토리를 들려주어야 한다. 브리지의 말을 좀 더 들어보자.

"모든 다이아몬드는 세상에서 하나밖에 없는 것이다. 그 하나하나에는 그만의 로맨스가 들어 있다."

어 느   록 밴 드 의   성 공   스 토 리

음반 산업은 전반적으로 둔감하고 보수적이며, 근시안적일 뿐만 아니라 세계관이라는 것에 그다지 관심이 없다.

　그렇다면 냅스터나 라임와이어(Limewire), 또는 다른 P2P 서비스 이용자들은 어떤 사람들일까? "음악을 돈 주고 사기를 싫어하는 사람들"이라는 것이 음반산업협회 사람들의 단순하기 짝이 없는 분석이다. 하지만 정답은 " '나에게는 음악(특히 새로 나온 음악)이 중요하다'는 세계관을 가진 사람들"이다.

　흠, 그건 전형적인 음반 구매자나 콘서트 애호가의 세계관과 비슷하잖아? 윌코(Wilco)는 이 사실을 알고 있었다. 윌코는 최신 앨범 전체를 온라인에 공짜로 공개함으로써 큰 성공을 거둔 록밴드다.

　팀 매너스(Tim Manners. 온라인 마케팅 매거진 『레버리스Reveries』의 발행인 – 옮긴이)에 따르면 윌코의 멤버인 제프 트위디(Jeff Tweedy)는 냅스터의 해적 행위와 마케팅 방식에 대해 이렇게 말했다고 한다.

　"예술 작품은 빵이 아니다. 누군가가 가게에서 빵 한 개를 훔친다면 그걸로 끝이다. 빵은 사라지고 마는 것이다. 누군가가

음악 한 곡을 다운로드 받았을 때, 그것이 그 사람의 귀와 마음
과 주관적인 경험에 완전히 결합하기 전까지는 하나의 데이터
에 지나지 않는다. 청중이 당신의 음악을 어떻게 느끼는가에
따라 당신의 음악은 달라진다. 청중을 도둑으로 모는 것은 말
도 안 되는 일이다. 우리의 음악을 듣기로 결심한 사람은 누구
든지 우리의 동업자다."

트위디는 스토리를 듣고 싶어 하는 이들에게 그것을 들려주
었으며, 청중들은 그것을 쉽게 믿었다. 거짓말은 사용자에게서
사용자로 퍼져나갔고, 오래지 않아 윌코는 특정 집단의 관심을
얻는 데 목매는 5천 개 밴드 중의 하나가 아니라, 선택받은 소
수 중 하나가 되었다. 윌코는 소수 정예를 겨냥함으로써 성공
을 거두었다. 그리고 그것은 거대 집단을 거짓말쟁이 도둑이라
고 몰아붙였더라면 불가능했을 일이었다.

비 행 선 과　타 이 어

만일 여러분이 구시대 미디어, 즉 TV–산업 복합체가 남긴 가
장 눈부신 사례를 알고 싶다면 굿이어 비행선(Goodyear blimp)을
떠올리면 된다. 스포츠 중계방송에서 공중에 떠 있는 비행선을
카메라에 비치게 함으로써 굿이어는 이 비행선을 세계적으로
유명하게 만들었다.

그래서?

비행선이 타이어를 팔아주지는 않는다.

당신의 이름을 모르는 사람이 없다고 해서 누구나가 당신의 스토리를 아는 것은 아니다. 그들은 거짓말을 믿지 않는다. 왜냐하면 거짓말이 있지도 않으니까. 있는 것이라고는 비행선과 거기 쓰인 이름뿐이다.

반면 미슐랭(Michelin)은 '안전'이라는 스토리를 들려주었다. 그들은 스토리를 가졌고, 사람들은 미슐랭 타이어를 살 때 편안함을 느낀다. 반면 굿이어는 비행선을 통해 약간의 인지도와 슈퍼볼 경기에서 CEO가 앉을 좋은 좌석 외에는 그 무엇도 얻지 못했다.

보너스

파트 2

고급 과정

All Marketers Are Liars

재 생 산 성

서로 다른 부류의 청중은 행동 방식도 다르다. 『오거닉 스타일』의 독자들은 대학 교육을 받았을 확률이 평균보다 배는 높으며, 반수 이상이 잡지에서 읽은 제품들을 다른 사람들에게 추천한다. 여기서 가장 중요한 차이점은 잡지 독자들의 재정 상태도, 더 나아가 소비 수준도 아닌 '세계관'이다. 『오거닉 스타일』의 독자들에게는 새로운 스토리를 들을 준비가 되어 있는 친구들이 있다.

입소문의 효력을 고려할 때, 특정 부류의 집단을 잘 선택하면
큰 파급 효과를 얻을 수 있다. 음반 회사들은 대개 대학생들에
게 초점을 맞추는데, 그것은 그 집단이 주변 사람들에게 그들
의 음악을 들려주고 입소문을 퍼뜨리는 경향이 있기 때문이다.
대학 캠퍼스라는 공동체에서는 같은 규모의 뉴욕 아파트 단지
보다 훨씬 빠른 속도로 아이디어 바이러스가 확산된다.

사람들은 저마다 모두 다르다. 어떤 이들은 이야기를 퍼뜨리
고, 어떤 이들은 그렇지 않다. 그리고 대개는 비슷한 성향의 사
람들끼리 한데 뭉친다. 예를 들어 대학생들은 요양원의 노인들
보다 친구들도 많고 더 자주 이야기를 나눈다.

기억하라. 마케터는 스토리를 들려준다. 소비자는 그것을 믿
고, 그것은 거짓말이 된다. 그리고 그 거짓말은 한 사람에게서
다른 사람에게 퍼져나가게 된다. 그제야 비로소 마케터는 성공
하게 되고 판매가 늘어나는 것이다. 이런 과정을 수용할 만한
집단을 구분하는 것은 스토리텔링에서 반드시 거쳐야 할 첫번
째 단계이다.

여기 내 이야기의 핵심을 명확하게 보여줄 작은 사례가 하
나 있다. 체인지디스닷컴(changethis.com)은 유명 저자들의 전자
책 발췌본을 공짜로 제공한다. 그런 다음 자기네 시스템을 통
해 다운로드 받거나 재전송된 모든 문서의 경로를 추적한다.
가이 가와사키(Guy Kawasaki)의 『당신의 기업을 시작하라(원제: Art
of the Start)』 발췌본의 경우, 우리 서버를 통한 재전송 비율은 약
4.5퍼센트였다. 이 발췌본을 다운로드한 사람 중 거의 5퍼센트

가 한 명 이상의 친구에게 이 파일을 전송했다는 의미다. 오프쇼어링(off-shoring. 생산시설의 해외 이전 - 옮긴이)을 다룬 톰 피터스(Tom Peters)의 글은 2퍼센트였으며, 앞서 언급한 두 작가보다 덜 알려진 데이브 볼터(Dave Balter)의 입소문과 마케팅에 관한 글은 놀랍게도 8퍼센트에 달했다. 이것은 데이브의 작품이 가이 가와사키나 톰 피터스의 글만큼 많이 다운로드 되었으며, 톰 피터스의 글보다 400퍼센트나 더 많이 한 사람에게서 다른 사람에게로 전해졌다는 뜻이다. 이것은 엄청난 차이다.

그런데 더욱 놀라운 것은 사형 제도에 관한 엠네스티 인터내셔널(Amnesty International)의 보고서가 보여준 숫자다. 재전송 비율 0퍼센트였다!

교훈? 말을 건넬 청중을 제대로 고르라는 것이다. 데이브의 청중들은 아이디어를 나누는 데(전파하는 데) 적극적이었다. 엠네스티 인터내셔널의 청중은 좀 다른 세계관을 가지고 있었다. 만일 당신이 재생산성이 부족한 청중들을 고른다면, 당신의 아이디어가 널리 퍼지지 않는다고 해서 조금도 놀랄 이유가 없다.

세 계 관 이   변 할   때

만약 당신이 의과 대학에 입학하게 된다면 어떤 일이 벌어질까?

아마도 당신의 성향이나 앞날에 대한 기대가 상당 부분 달라질 것이다. RBC는 북아메리카에서 일곱번째로 규모가 큰 은행이다. 그들은 조사 결과, 자신들이 미국의 치·의대학생 시장의 약 1퍼센트밖에 점유하고 있지 못하다는 사실을 발견했다.

그러자 그들은 스토리를 이야기하기 시작했다. RBC는 정확히 이 그룹만을 겨냥해 은행의 여러 요소를 결합시킨, 그러면서도 이 엘리트 그룹의 달라진 세계관에 잘 맞게 구성된 스토리를 들려주었다. 이 수만 명의 젊은이들은 최근 미래관의 급격한 변화를 겪은 사람들이었다. 따라서 그들은 어떻게 하면 미래를 자신의 것으로 만들 수 있는지에 관한 스토리를 듣고자 하는 마음이 강했다.

몇 년이 지나자 RBC의 시장 점유율은 27퍼센트에 육박했다. RBC의 리처드 맥래플린(Richard McLaughlin)의 말에 따르면, 이 프로그램에 들어간 비용은 정말로 미미한 것이었다고 한다. 하지만 그는 장차 RBC의 시장 점유율이 50퍼센트에 이를 것으로 내다보았다.

이들이 재생산성이 높은 그룹이라는 것은 명백한 사실이다. 적어도 하나의 세계관에서 다른 세계관으로 옮아가는 그 순간만큼은. 무엇을 파는 행위 자체가 힘든 것이 아니라, 가능성 있는 적절한 그룹을 구분해 내고 그들에게 알맞은 스토리를 전달하는 것이 어려운 일이다. 어떤 사람의 세계관을 쉽사리 변화시킬 수는 없겠지만, 그를 둘러싼 세계가 변화하는 시점을 잘 포착한다면 큰 이득을 얻을 수 있을 것이다.

변하거나, 변하지 않거나

변하는 것은 세계관뿐만이 아니다. 때로는 어떤 제품이나 서비스에 대한 느낌도 시간이 지남에 따라 변한다. 지난 주, 나는 뉴욕 주 버펄로에 있는 올브라이트 녹스 갤러리(Albright-Knox Art Gallery) 안을 어슬렁거리다가 어린 시절의 기억 속에 묻혀 있던 그림을 발견했다. 어린 시절과는 사뭇 다른 느낌을 받았다. 당시 내 느낌이 무엇이었든 간에, 이번에는 향수가 밀려왔다. 그 그림은 이제 다른 의미를 지니게 되었다. 작품이 변한 것이 아니라, 내가 변했기 때문이다.

전문 사진작가들 중에는 카탈로그 사진을 찍을 때 여전히 필름 카메라를 사용하는 사람이 있다. 디지털 카메라를 사용하는 것이 훨씬 싸고 빠르며 효율적인데도. 그 이유는 카메라 자체 때문이 아니라 카메라가 사진작가에게 주는 느낌 때문이다. 시간이 흐르면서 필름 카메라가 단순한 도구가 아니라 사진작가가 자신과 자신의 작품을 바라보는 방식의 일부가 된 것이다. 사람들이 사용하는 기술을 바꾸는 일은 그들의 세계관을 바꾸는 것만큼이나 어렵다.

얼리 어답터들은 사랑에 빠지는 것만큼이나 빠른 속도로 제품들에 싫증을 낸다. 만일 당신의 세계관이 새로운 것을 좋아하는 것이라면 한두 달 전에 산 친숙한 물건은 이제 그만 사라져주는 게 좋지 않겠는가?

이런 것들이 바로 어떤 사업이 성장하다가 침체기로 접어드는 이유 중 하나다. 모퉁이의 작은 술집은 단골이 되면 더 좋다. 하지만 단골들만 자리를 차지하게 되면 정작 성장의 원동력이 될 새로운 손님들은 겁을 먹고 들어오려는 시도조차 하지 않게 된다. 그곳은 단순히 술을 마시는 곳이 아니며, 거기에 드나드는 당신이 어떤 사람인지 복합적으로 설명해 주는 장소다.

변하지 않는 것은 없다. 어떠한 것도 언제까지나 똑같이 유지될 수는 없다. 당신이 만들고 디자인하고 마케팅하는 모든 것들은 결국 시장을 변화시킬 것이다.

사 람 들 은   왜   코 튼 을   고 집 할 까

'코튼(cotton)'이라는 단어를 생각할 때면 '자연의', '시원함', '부드러움', '건강에 좋은' 같은 낱말들이 함께 떠오른다. 그것은 코튼 업계가 수십 년 동안 광고를 통해 부르짖은 스토리를 당신이 스스로에게 들려주었기 때문이다.

그러나 코튼이 생각보다 끔찍한 물건이라는 사실이 드러나고 말았다. 목화를 경작하는 데 그 어떤 농작물보다도 많은 양의 유독성 살충제가 뿌려진다. 코튼 산업계는 연방정부의 보조금을 다른 어떤 분야보다도 많이 받고 있으며, 정부 지원금의 80퍼센트가 단 10퍼센트의 경작인에게 돌아가는, 놀랍도록 편중된 산업이기도 하다. 또한 목화는 환경적, 사회적 부작용을 가장 많이 일으키는 작물 중 하나이기도 하다. 이에 비해 첨단

소재들은 의외로 면보다 훨씬 가볍고 시원하고 세탁하기 편하며 환경에도 피해를 덜 준다.

그런데도 왜 사람들은 여전히 코튼을 고집하는 걸까?

그것은 오래된 스토리의 생명력 때문이다. 책 앞부분의 코카콜라나 재활용 관련 사례에서도 보았듯이, 사람들은 쉽게 마음을 바꾸려고 하지 않는다. 소비자들이 코튼이 얼마나 많은 해악을 끼치는지 깨닫고 새로운 결론에 도달하기까지는 적어도 한 세대 이상이 걸릴 것으로 보인다. 이것은 공공정책 분야에서 일하는 사람들에게는 중요한 교훈임과 동시에 마케팅과 관련된 새로운 아이디어를 가진 이들이 또한 명심해야 할 이야기다— 그 새로운 아이디어를 오래된 스토리와 연결시켜 보라.

실패자를 위한 변명

몇 달, 혹은 몇 년에 걸친 노력 끝에 새로운 제품이나 서비스를 출시했는데 성공을 거두지 못했다면, 당신은 좌절에 빠졌을 것이 틀림없다. 나라도 그랬을 것이다. 그중에서도 가장 절망적인 부분은, 실패의 직접적인 원인을 설명할 수가 없다는 것이다. 물론 품질이나 가격, 심지어는 포장에도 문제가 있을 수 있지만 대개의 경우 실패의 원인은 끝까지 밝혀지지 않는다.

그런데 세계관이라는 렌즈를 통해 들여다보면 상황이 좀 더 명확해지기 시작한다.

당신의 신상품이 실패한 데에는 네 가지 원인이 있다.

1. 아무도 그 상품의 존재를 알아차리지 못했다.
2. 사람들이 알아차리기는 했지만, 시도해 보고 싶지는 않았다.
3. 시도는 해봤지만, 더는 사용하지 않기로 했다.
4. 마음에는 들었지만 친구들에게 이야기하지는 않았다.

이제 알겠는가? 그렇다. 만일 이 네 가지를 모두 피해 갔다면 당신은 지금 당연히 성공을 손에 쥐었을 것이다. 당신의 제품이 실패한 이유를 이해한다면 거기서 얻은 통찰력은 다음 시도를 위한 밑거름이 될 것이다.

나는 이 네 가지의 원인 중 그 어느 것도 당신의 실책은 아니라고 본다. 적어도 전통적인 마케팅 활동의 책임은 아니다. 설계된 대로 기능하지 않아서 실패하는 제품은 거의 없다—그 정도로 상태가 나쁘다면 출고조차 되지 않았을 것이다. 나는 실패의 씨앗은 제품이 생산되기 훨씬 이전에 이미 뿌려진다고 믿는다. 마케팅은 제품이 생산에 들어가기 이전에 시작된다. 스토리를 잘못 선택하거나, 잘못된 방식으로 재구성하는 경우 당신은 실패할 것이다.

타깃 소비자의 세계관이 여러분이 들려주는 스토리와 동조하기를 거부한다면 당신의 스토리는 실패한다. 그럴 때 유일한 희망은 소비자들의 세계관을 변화시키는 것이지만, 그러기란 거의 불가능하다고 보아도 좋다.

실패의 네 가지 원인

"왜 아무도 알아차리지 못했을까?"

왜냐고? 아무도 보지 않았기 때문이다. 볼 것은 너무나 많은데, 그럴 만한 시간은 너무도 부족하다. 그래서 우리의 기본 설정은 '무조건 무시하자'이다. 슈퍼마켓이나 전시장을 둘러보면서도, 혹은 책상 위에 쌓여 있는 이력서를 훑어보면서도, 실제로 주목하게 되는 것은 별로 없다.

대부분 사람들의 기초 사고는 아주 단순하다. '리마커블하거나 아주 특별한 것이 아니라면 그냥 무시하라.' '너에게 무엇을 팔려고 하면 무조건 거절하라.'

제품을 조금 더 낫게 만들어봤자 달라질 것은 없다. 구태여 그 차이점을 알아보려는 사람조차 없을 테니까(하지만 사람들이 다 똑같은 건 아니므로, 누군가는 알아차릴지도 모른다. 여기서 두번째 문제가 발생한다).

"왜 알아차리고서도 시도해 보지 않았을까?" 대부분의 시장에서, 그리고 대부분의 상품에 대해 사람들이 가진 기초 사고는 바로 이것이다. "그냥 구경하는 거야." 심지어 일부러 상점에 들렀을 때조차도 다가오는 점원들에게 이렇게 말한다. 이것은 웹 서핑을 할 때도 마찬가지다. 무엇을 클릭하거나 특정 웹 사이트에 오래 머무르거나 하지 않는다.

그러나 개중에는 새로운 것을 시도하는 데 목을 매는 일단의 사람들도 있다. 좀 더 나은 렌즈를 찾아 헤매는 사진광들, 나이키 한정판을 사려고 줄을 서는 신발광들. 당신도 바로 이런 사람들을 찾아서 당신의 스토리를 들어주어야 한다. 적어도 처음에는.

"어째서 충성 고객이 되지 않았는가?"얼리 어답터들(새로운 것을 시도해 보는 경향이 있는 사람들)은 한번쯤 시도를 해볼지는 모르지만, 그 이상을 추구하는 것은 그들의 방식이 아니다. 당신의 제품을 시도하도록 만든 바로 그 기질이 그들로 하여금 내일은 또 다른 것을 시도해 보도록 만드는 것이다.

신상품이 성공을 거두려면, 얼리 어답터들 중 몇 명을 대열에서 이탈시켜 그들이 구하던 해답을 찾았다는 사실을 인식시켜야 한다. 그런데 이 전략이 통하려면 그들이 친구들에게 이야기를 퍼뜨려야만 한다.

"어째서 친구들에게 이야기하지 않는 걸까?"왜 유권자들은 잘 모르는 사람에게 자신이 지지하는 후보를 추천하길 꺼려하는 것일까? 당신이라면 친구에게 마음에 드는 자선 단체에 돈을 기부하라고 말할 수 있겠는가? 회사 동료에게 새로운 란제리 가게를 추천하는 일은?

레스토랑이나 새로 나온 CD에 대해서는 그렇게 쉽게 떠벌리면서, 마사지사 얘기나 관을 일찌감치 사두는 현명한 절약 방법에 대해서는 그렇게 하지 못하는 이유는 뭘까?

대답은 한 가지다. 바로 세계관 때문이다. 마케터가 나타나 친구들에게 이러이러한 이야기를 좀 퍼뜨려달라고 부탁하기 (사실상 강요하기) 훨씬 전부터 소비자는 이미 어느 수준까지가 자신에게 불편하지 않은 정도인지 설정해 놓는다. 바보 같은 인터넷 비디오는 괜찮아도 총기 규제라는 주제에 대해서는 말하기 꺼려하는 사람도 많다. 소비자의 이러한 행위가 의도적이든 아니든, 마케터로서는 해결해야 할 문제이다.

왜 어떤 것들은 인터넷상에서 빠르게 확산되는 반면(핫메일이나 냅스터, 이베이 등) 다른 것들은 먼지만 쌓인 채 그대로 있는 걸까? 왜냐하면 소비자들은 사람들이 이러이러한 것을 공유하는 것에는 편안함을 느끼는 반면 또 다른 것들에는 불편함을 느낀다는 편견을 가졌기 때문이다. 자, 이러한 사실에 대해 한탄만 하고 있을 것인가, 아니면 아이디어 바이러스가 될 만한 것을 찾아내어 당신의 스토리와 짜 맞출 것인가.

보랏빛 소 사고방식에 덧붙여

『보랏빛 소가 온다』와 『보랏빛 소가 온다 2』에서 나는 어떻게 하면 아이디어를 퍼뜨릴 수 있는지 누차 이야기했다. 내 메시지의 핵심은 리마커블한 아이디어는 주목받게 되어 있다는 것이다. 그리고 그것이 곧 성공의 비결이다.

당신은 이제 앞의 책들이 '사람들에게 스토리 들려주기'를 다루고 있다는 것을 깨달았을 것이다. 하지만 다른 사람에게 스토리를 들려줄 수 있으려면 먼저 그것을 자기 자신에게 들려주어야만 한다. 소비자가 자신에게 거짓말을 들려준다는 것은 모든 성공적인 마케팅의 핵심 중의 핵심이다.

나는 지금 이 글을 쓰면서 아주 멋진 종이 피라미드를 바라보고 있다. 높이는 5센티미터 정도이고, 가느다란 노란 줄무늬가 그려진 예쁘고 고급스런 린넨지로 만들어진 것이다. 나는 이 피라미드를 조심스레 펼쳐본다. 안에는 실크 티백이 들어 있다. 이 차는 단순한 음료가 아니라 감각적인 디자인 경험이다.

그렇다고 내가 문밖으로 달려나가 사람들에게 "티 포르테(Tea Forte)의 진저 레몬 허브티 알아요?"라고 소리칠까? 물론 아니다. 이 차가 보랏빛 소는 아니다. 하지만 훌륭한 스토리를 들려주고 있다. 적어도 나한테는.

나는 이 차를 마실 때마다 스스로에게 거짓말을 하게 된다. 고작 30센트짜리 차를 마시면서 영혼을 해방시키고 영혼의 양식을 주고 있는 양 행동한다.

티 포르테가 나의 세계관에 초점을 맞추어 내가 스스로에게 거짓말하기 쉽게 만들긴 하지만, 그렇다고 모든 사람들을 위한 차를 만들어온 것은 아니다. 반면 립톤(Lipton)이나 테틀리(Tetley)는 이미 '만인을 위한 차' 만들기 게임에서 승리했다. 티 포르테가 성공한 부분은 나의 '필요'가 아닌 '욕구'를 충족시키는 경험을 제공한 것이다.

자, 그럼 여기서 백만 불짜리 질문. 그것을 사업으로 연결해도 될 만큼, 나와 세계관을 공유하는 이들이 충분히 많을까?

길이 보이지 않을 때

때로는 주류적 세계관이 당신이 제시하려는 해결책이나 수익과 성장을 위해 필요한 것들과 잘 맞지 않는 경우도 있다.

새로운 마케팅 역학은 제품 개발이나 디자인에 점점 더 압력을 가해오고, 평범한 회계 사무소나 여름 캠프 같은 것을 마케팅하기는 갈수록 어려워진다.

이런 상황에서 나의 바람은 당신이 마케팅에 지나치게 의존하려는 생각을 버리라는 것이다. 만일 제품이나 스토리를 바꾸는 것이 메시지를 퍼져나가게 하는 데 최선의 길이라면 그렇게 해야 한다. 메시지가 잘 퍼져나가지 않는다고 투덜거리지나 말고.

애드워즈로 적절한 세계관 찾기

큰 시장을 노리는 마케터들이 너무나 많다. 다짜고짜 "시장 규모가 얼마나 되나요?"라고 묻는 경우도 굉장히 많다. 그래서 구독자 수가 매우 많은 『굿 하우스키핑(Good Housekeeping)』은 광고료가 비싸다.

구글 애드워즈(adwords)는 이러한 개념을 완전히 뒤흔든다. 그들은 이와는 완전히 반대되는 이점을 제공한다.

구글에서 '신장병(kidney disease)'을 검색하면 뉴욕의 신장 전문의 조슈아 슈위머(Joshua Schwimmer) 박사의 광고가 뜬다. 슈위머 박사는 이제, 그 링크를 클릭하여 자신의 홈페이지를 방문한 사람들이라면 누구에게든 확신을 가지고 말을 걸 수 있다. 그들의 세계관을 정확히 알기 때문이다.

웹상에 새로운 매체들(블로그 등)이 급속히 확산됨에 따라, 특정한 스토리를 듣고자 하는 사람들을 정확하게 겨냥해 실험해보는 것이 가능해졌다. 2004년, 조슈아 미카 마셜(Joshua Micah Marshall)이라는 블로거는 무명의 선거 입후보자를 위한 자그마한 광고를 게재함으로써 그에게 수십만 달러의 자금을 모금해주는 결과를 가져왔다. 어떻게 그럴 수 있었냐고? 그의 블로그를 방문하는 독자들은 그와 세계관을 공유하는 사람들이었고, 광고를(그리고 스토리를) 그 세계관에 맞추어 구성함으로써 그런 스토리를 원하던 사람들과 유대 관계를 형성했기 때문이다.

모 순 어 법

스토리를 들려줄 때 사용하는 단어와 이미지는 무척 강력한 도구이다. 이런 단어나 이미지가 서로 상충하거나 대립한다면, '모순어법'이 사용된 것이다. '왕새우(jumbo shrimp. 거대하다는 의미의 jumbo와 작은 새우라는 의미를 지닌 shrimp를 결합시켰음 - 옮긴이)'나 '군

사 정보(military intelligence. 무武와 문文의 조합 - 옮긴이)' 같은 말은 흔히 쓰이는 경우지만, 그 외에도 모순어법이 성공한 사례는 셀 수 없이 많다. '온정적 보수주의(compassionate conservatism)'의 경우를 생각해 보라. 세계관에 기초한 이런 표현들을 엮어 넣으면—그럼으로써 의도적으로 혼란을 조장하면—스토리를 들려주기가 쉬워진다.

어떤 모순어법의 경우에는 도저히 수용할 수 없는 갈등을 야기하기도 한다. 그런 경우 사람들은 이를 무시한다. 예를 들어 잘나가는 약국이 유통 기한이 지나 변질된 약품을 판다는 소문은 퍼져나가지 않을 것이다. 그런가 하면 또 다른 모순어법의 경우에는 일부 사람들이 도저히 궁금해서 견딜 수 없도록 만듦으로써 현상유지에 도전하기도 한다.

'사회 의식적 투자(socially conscious investing)'라는 말이 모든 이에게 호소력을 가지는 것은 아니지만, 서로 모순되어 보이는 두 개념을 결합시킴으로써 많은 사람들이 스토리에 귀 기울이게 만드는 것만은 사실이다. 특히 그 투자가 수익성이 높으면서 '동시에' 사회 의식적이라는 사실이 입증되면 스토리는 단순한 흥미의 차원을 넘어 진정성을 얻게 된다.

모순어법을 이용하는 가장 큰 이유는 실제로 모순어법에 사용된 두 가지를 모두 '원하는', 아직 잘 알려지지 않은 소수 집단을 알아내는 데 도움이 되기 때문이다. 눈부신 속도로 성장하고 있는 '어드벤처 크루즈(adventure cruise)'도 이런 방법을 사용했고, 스타벅스도 '카페인 없는 두유 라테(Soy Decaf Latte)'를 통해 그 소수 집단을 찾아낸 바 있다.

'물리치료'는 의사들이 관절에 문제를 가진 환자들에게 처방하는 한 치료법의 정확한 명칭이다. 물리치료는 성공률이 매우 높음에도 (합병증이 거의 없으며, 환자와 보험회사가 지불해야 하는 돈이 적다), 처방되는 경우가 적다. 이유가 뭘까? 대개의 환자들이 '진짜 의사'한테 치료받아야 빨리 낫는다고 생각하기 때문이다.

그렇다면 물리치료라는 말 대신 '비수술적 치료(nonsurgical treatment)'나 '무통 외과술(painless surgery)'이라는 이름을 붙이면 어떨까?

친 구 , 혹 은 사 기 꾼

엘든 벡(Eldon Beck)은 알프스에 100년 전 프랑스풍의 마을을 건설하고 있다. 그는 빈손으로 출발해 지금은 캐나다 휘슬러 (Whistler) 스키 리조트 개발 업체인 인트라웨스트(Intrawest)와 손 잡고 일하고 있다.

새로운 스키 리조트가 새 것처럼 보여서는 안 된다는 것이 벡의 생각이다. 구석구석 재미있는 장소가 예기치 않게 숨어 있어야 하고, 서로 어울리지 않는 건물들이 들어서 있어야 한다는 것이다. 비용이 다소 더 들더라도 말이다.

인트라웨스트는 이 마을을 운영하는 데 시간제 근로자들을 고용하지 않을 계획이다. 그 대신, 배우들에게 각자의 역할을 주듯이 사람들을 뽑을 예정이다. 스키 리조트를 더욱 효과적이고 인상 깊게 만들기 위해 할 수 있는 일이 그다지 많지 않음을 알지만, 사람들이 거기서 좀 더 많은 시간과 돈을 사용하도록 만들 수는 있을 것이다(인트라웨스트는 지난 10년 동안 그 숫자를 두 배로 신장시켰다). 소비 인류학자들은 이러한 일들이 오직 스토리텔링을 통해서만 가능하다는 사실을 안다.

인트라웨스트는 이것을 확고한 의지를 통해 실천한다. 그들은 캐나다의 트렘블랑(Tremblant) 산에서 주점을 운영하는데, 이곳에서는 분위기가 극도로 고조되면 손님들이 급기야 바에 올라가 춤을 추기도 한다. 알고 보니 이것은 우연한 일이 아니었다. 인트라웨스트의 기획자 조안 매이슬린(Joanne Maislin)이 사람들이 쉽게 올라갈 수 있도록 바의 높이를 낮추고 천장에는 금속 레일을 달아 술에 취한 사람이 붙잡고 몸을 흔들 수 있도록 만들었던 것이다. 그것은 매우 섬세한 작업이었다고 할 수 있는 것이, 만일 그만큼 섬세하지 않았더라면("여기서 춤을 춰주세요." 로는 통하지 않을 일이다) 효과가 없었을 테니 말이다. 이 기획은 최종적으로 손님들이 일주일 후 직장에 돌아가 자기가 얼마나 광란의 밤을 보냈는지 떠들어대는 결과를 가져왔다.

"바에 올라가서 춤추는 사람도 있더군!"

" 나 는 두 렵 다 ! "

유감스럽게도, 사람들이 일반적으로 지닌 세계관 중 하나는 '두렵다'는 것이다.

사실 세상은 두려운 것투성이다. 고장난 식기세척기의 애프터서비스 기간이 끝났다는 사실, 탄저병, 알레르기, 차에 갇히는 일, 독감, 심지어 칵테일파티에서 말 한마디 제대로 못하는 것까지…….

공포의 종류는 매우 다양하지만 그 반응은 한 가지다. 만일 당신의 세계관이 자신이나 가족을 보호하는 것이라면 당신은 공포의 대상으로 설정해 놓은 것들에 대해 극도로 민감하게 반응할 것이다. 물론 모든 사람이 다 그렇지는 않겠지만, 적어도 공포와 전쟁을 치르는 이들은 그 밖에 다른 것에는 반응하지 않을 가능성이 크다.

지난해, 어떤 사람들은 대서양 연안에 출몰하는 상어 때문에 공포에 사로잡혔다. 그러나 실제로 죽은 사람은 물론, 상어에 물어뜯긴 사람조차 거의 없었다. 상어에 관한 이야기가 뉴스에서 다뤄졌고 소문이 해안가를 떠돌기도 했지만 그저 그뿐, 스토리 그 이상도 이하도 아니었다. 이런 것이 바로 많은 사람들이 지닌 세계관이라는 것이다. 사실 상어보다도 사슴 때문에(자동차와 충돌해서) 죽을 확률이 250배나 더 많으며, 한 해에 사람들이 플로리다에서 상어에게 물리는 횟수보다 뉴욕에서 쥐에게 공격받는 횟수가 더 많다. 무엇이 사실인가는 중요치 않

다. 중요한 것은 우리가 어떤 종류의 스토리를 듣고자 하는가
이다.

사람들은 비행기 타기를 두려워한다. 비행기를 타는 것이, 그
비행기를 타기 위해 자동차를 타고 공항으로 가는 것보다 사고
날 확률이 훨씬 적은데도 말이다. 공포란 비이성적이다. 그러
한 비이성적 측면이 바로 공포를 공포로 만드는 것이다.

제 3 의 선 택

'애큐먼 기금(Acumen Fund)'은 세상에서 가장 특이한 비영리 조
직 가운데 하나다. 이 기금은 세계에서 가장 가난한 사람들이
세계시장에서 소비자나 창업자, 또는 고용인으로서 활발히 참
여할 수 있도록 하는 데 최선을 다하고 있다.

문제는 그 '사실'이 아니다. '사실' 자체는 훌륭하다. 문제는
스토리다.

애큐먼의 CEO 재클린 노보그라츠(Jacqueline Novogratz)가 마음
속에 그리는 것은 비영리 세계의 장점을 자본주의의 좋은 점들
과 결합시킨 조직이다. 그녀는 아프리카와 파키스탄, 이집트의
빈곤층이 구제 대상으로 동정받지 않으면서도 일어설 수 있도
록 도움을 주기 위해 애쓰고 있다. 그녀가 택한 방법은 기금을
모아(그녀는 이미 2천만 달러를 모금했다) 이를 가난한 사람도 구매할
수 있을 만한 제품을 생산하는 지역 회사에 투자하는 것이다.

그럼으로써 이 회사들은 고객의 생활수준 향상에 실질적으로 기여하게 된다.

예를 들어, 에이투제트(A to Z) 사는 탄자니아에서 모기약을 판다. 겨우 6달러 정도면 한 가정이 5년 동안 말라리아의 공포에서 해방될 수 있다. 정기적으로 맞아야 하는 예방주사 '키니네'의 경우 그 부작용은 말할 것도 없고 비용도 이 모기약에 비해 훨씬 더 든다. 회사는 돈을 벌어 좋고, 다수의 아프리카 사람들은 괜찮은 직업을 얻어 좋으며, 마을 사람들은 키니네 값을 절약할 수 있고 애큐먼은 투자 수익을 돌려받는다.

그리고 이것이 바로 문제다.

애큐먼은 가난한 사람들에게 자선을 베푸는 전형적인 NGO로서 설립된 것이 아니다. 재클린은 그런 것은 비생산적이고 비효율적인 막다른 골목이라고 믿는다. 대신 그들은 투자한 기업에서 이익을 나누어 받거나 기업에 자금을 빌려주어 그 이자를 회수한다.

그러나 거대 기업이나 정부 기관, 단체들은 자신들의 경험에 기반을 둔 세계관을 가지고 있다. 그들은 자신들이 하는 일이 가치 있다고 믿으며, "전통적인 자선행위로는 빈곤층을 도울 수 없다"로 시작하는 스토리를 받아들이려고 하지 않는다.

또 한편으로, 자본을 이용해 수익을 올려온 투자 은행, 부유한 개인과 헤지 펀드들은 다음과 같은 세계관을 가지고 있다.

"우리는 어디에 투자하든 그 대상에는 관심이 없어. 다만 시장 평균 수익률을 x퍼센트 상회하는 수익만 얻을 수 있으면 그

뿐이야."

애큐먼의 스토리는 이 청중들도 움직이지 못한다. 왜냐하면 애큐먼이 시장 평균보다 낮은 수익률을 "사회에 좋은 일을 한다."는 명분으로 희석시키려 하기 때문이다.

만일 애큐먼이 스토리 대신 어떠한 '사실'을 가지고 접근한 다면 진퇴양난에 빠질 수밖에 없다. 그들은 아주 강한 비전을 가졌고 사업에서도 큰 성공을 거두었지만, 가장 기본적인 부분에서 어려움을 겪고 있다. 바로 적절한 사람들에게 적절한 스토리를 들려주는 일에서. 큰 자선단체들은 그들에게 도움을 주길 꺼려한다. 애큐먼이 그들의 방식에 반기를 들고 있기 때문이다. 대형 투자가들 또한 애큐먼이 그들이 원하는 수익률 기준을 충족시켜 주지 못하기 때문에 투자를 망설인다.

전통적인 마케팅은 당신에게 조금만 더 노력해 보라고, 자본력이 풍부한 큰 조직에 몇 번이고 부딪쳐보라고 격려한다.

하지만 애큐먼은 다른 길을 찾았다. 그들은 전통적인 자선 스토리에 '만족하지 못하는' 이들에게 스토리를 들려주기로 결심했던 것이다. 그들은 기존과는 다른, 더 효율적인 자선 방식을 추구하는 기업 또는 재단들에 호소하고 있다.

여기서 사용 가능한 모순어법을 생각해 보자—기부 형식을 탈피한 자선활동, 장기적인 사회적 투자, 수익을 돌려받는 자선행위, 사회자본의 이익 배당 등.

애큐먼이 말을 걸고자 하는 대상인, 실망한 기부자들과 활동적인 투자가들은 분명 자기네 공동체의 가장자리에 위치한다.

하지만 그건 괜찮다. 애큐먼은 이런 얼리 어답터들이 주변 사람들에게 이야기할 수 있는 스토리를 개발하고 있으니까. 그들은 들을 준비가 되어 있는 소수의 청중에게 스토리를 들려준다. 애큐먼은 투자자들의 모임에 가서 "여러분 가운데 이 이야기를 듣고자 하는 분들은 10퍼센트밖에 되지 않겠지만, 그래도 괜찮습니다."라며 스토리를 들려주지는 않는다. 그 이유가 무엇일까? 스토리를 희석시키는 대신 그에 맞는 세계관을 가진 청중을 찾음으로써 애큐먼은 그 스토리를 '원하는' 청중을 발견하려는 것이다.

스토리를 듣길 원하는 가장자리 사람들에게 흥미를 자극하는 스토리를 들려주는 것이 첫번째 단계다. 두번째 단계는 믿을 만한 행동과 증거로 스토리를 뒷받침하는 것이다. 그러면 아마도 "내 동료들처럼 성공하고 싶어요."라는 세계관이, 주위에 만연한 리스크 기피 심리를 극복할 수 있도록 해줄 것이다. 애큐먼의 아이디어가 이런 공동체를 감염시킴에 따라, 스토리를 믿고자 하는 청중들에게 새로운 스토리가 퍼져나가고, 애큐먼은 점차 성장하게 될 것이다.

성 공 할   뻔 한   마 케 터

자유방목 유기농 육류 공급업체의 선두주자 니먼 랜치(Niman Ranch)는 얼마 전 자유방목 유기농 라드(돼지비계를 녹여 굳힌 반고체

지방 – 옮긴이)를 출시하겠다고 발표했다.

흐—음.

그들은 모순어법을 완벽하게 활용할 뻔 했다. 그런데, 맙소사. 그들은 이렇게 말했다.

"세인두(Saindoux)라는 이름을 붙일 예정입니다. 프랑스어로 라드를 의미하지요."

니먼의 프랭키 휘트먼(Frankie Whitman)은 "우리는 '라드'의 어감이 너무 부정적이라고 생각했습니다."라고 말했다.

이런! 내가 보기에는 그 부정적인 어감이야말로 그들이 스토리를 전할 수 있는 최고의 기회였는데……!

자, 그럼 이제 내게 스토리를 들려주길!

추천 도서

세 스 고 딘 의 책 중 에 서 *

이 책은 아이디어가 어떻게 만들어지고, 전해지며, 퍼져나가는 지에 대해 내가 쓴 일련의 책 중 가장 최근의 것이다.

지난 50여 년 동안 광고는(그리고 좋은 광고의 기본이 되는 잘 짜인 일 방적인 스토리들은) 우리 경제를 이끌어왔다. 그리고 미디어가 폭 발했다. 세 개의 채널이 500개로 늘었고, 수십억 개의 웹페이지 들이 생겨났다. 동시에 선택의 폭 역시 급속히 늘어났다. 미국 방방곡곡에 광고하고 있는 생수의 종류만 해도 100가지가 넘 는다. 수십 개의 자동차 회사가 수천 개의 모델을 판매하는 중 이다. 스타벅스는 1,900만 가지의 음료 주문 방법을 내놓았고,

---

★ 모든 논픽션 작가들은 자신의 저서에 이런 섹션을 추가해야 한다. 왜냐고? 글쎄, 만일 당신이 이 책을 여기까지 읽었다면 당신의 세계관은 이 작가의 저서를 좋아하는 경향을 가진 것일 테 니까 말이다. 내 책들이 얼마나 일맥상통하는지에 관한 스토리를 들려줌으로써, 나는 당신이 좀 더 큰 그림을 이해하고, 아이디어를 퍼뜨리며, 어쩌면 더 많은 책을 사도록 만드는 데 도움 을 얻을 것이다.

오레오 쿠키의 종류도 19가지가 넘었다.

이 모든 선택과 혼란을 마주한 소비자들은 자신들에게 상당한 파워가 있음을 깨달았다. 그래서 광고는 힘을 잃었다.

이러한 상황에서 확실하게 말할 수 있는 한 가지는, 마케팅(marketing with permission)이 스팸보다 훨씬 낫다는 것이다. 달리 말해, 광고를 보려고 하는 사람에게 전달된, 예측 가능하며 개인적이며 적절한 광고가 낯선 사람들에게 크게 소리치는 것보다 더 효과적이라는 것이다. 지난 1999년 출간된 『퍼미션 마케팅(Permission Marketing)』은 이 문제에 대해 잘 설명하고 있다. www.permission.com을 방문하면 이 책의 3분의 1 정도를 공짜로 읽어볼 수 있다.

어떤 아이디어가 그것에 관심을 가진 사람들의 시야에 들면, 입소문으로 인해 기하급수적으로 증대되는 행운을 누릴 수 있다. 나는 이것을 아이디어 바이러스라고 부른다. 오늘날, 아이디어는 온·오프라인을 타고 동시에 퍼지며, 이것은 기존의 중앙 집중적인 전달 방식보다 훨씬 빠르고 효과적이다. 현재까지 가장 큰 성공을 거둔 전자책 중 하나인 『아이디어 바이러스(Unleashing the Ideavirus)』의 경우, 10달러 정도면 페이퍼백을 구입할 수도 있다. 하지만 온라인에서 전자책을 구해 보는 것도 좋을 것 같다. 공짜니까.

사람들의 주목을 받는 것은 리마커블한 제품이다. 그리고 리마커블한 것들은 대부분의 상품과 서비스가 탄생하고 판매되는 방식과는 완전히 대치된다. 지루한 것은 사람들의 눈에 보이지 않는다. 『보랏빛 소가 온다(Purple Cow)』(2003, 재인)에서 나는 리마커블해야 하는 까닭에 대해 이야기한 바 있다.

마지막으로, 무언가를 리마커블하게 만드는 것은 대개 그 제품이나 서비스의 원래 목적과는 직접적인 관련이 없다. 사람들로 하여금 이야기하게 만들고 소문을 퍼뜨리도록 만드는 것은 공짜선물(『보랏빛 소가 온다 2』), 즉 덤 또는 멋진 보너스나 디자인, 리마커블한 서비스나 가격 같은 것들이다.

다른 저자들의 책

- 『캐즘 마케팅(*Crossing the Chasm*)』, 제프리 무어(Geoffrey Moore) 지음
- 『포지셔닝(*Positioning*)』, 트라우트 & 리스(Trout and Ries) 지음
- 『톰 피터스 경영창조(*In Pursuit of Wow!*)』와 『톰 피터스 경영파괴(*The Tom Peters Seminar*)』, 톰 피터스(Tom Peters) 지음
- 『블링크(*Blink*)』, 맬컴 글래드웰(Malcolm Gladwell) 지음
- *Selling the Dream*, 가이 가와사키(Guy Kawasaki) 지음
- *The Republic of Tea*, 빌 로젠즈웨이그 & 멜 지글러(Bill Rosenzweig and Mel Ziegler) 지음
- 『코끼리는 생각하지 마(*Don't Think of Elephants*)』, 조지 레이코프(George Lakoff) 지음
- *Secrets of Closing the Sale*, 지그 지글러(Zig Ziglar) 지음

- 『쇼핑의 과학(*Why We Buy*)』, 파코 언더힐(Paco Underhill) 지음
- 『고객이 고객을 부른다(*Creating Customer Evangelists*)』, 벤 매코넬 & 재키 후바(Ben McConnell and Jackie Huba) 지음
- *Emotional Design*, 도널드 노먼(Donald Norman) 지음
- 『농민의 도덕경제(*The Moral Economy of the Peasant*)』, 제임스 스콧(James Scott) 지음
- *Creative Company: How St. Luke's Became "the Ad Agency to End All Ad Agencies"*, 앤디 로(Andy Law) 지음

이제부터
시작이다

스토리텔링에 대한 계획이 있는가? 나는 이 단계가 모든 마케팅 계획이나 사업 계획의 핵심이 되어야 한다고 믿는다. 또한 성공하려는 모든 비영리단체와 창업자, 큰 사업가나 정치가들도 반드시 이 단계를 거쳐야 한다. 이 부분을 잘해낸다면 당신은 제 궤도에 오를 수 있을 것이다.

우선 어떤 집단에 스토리를 들려줄 것인지 결정하는 데서 출발한다. 그 집단 사람들은 하나의 세계관을 공유해야 한다. 몸을 일으켜 당신의 이야기에 귀 기울일 만한 세계관을.

어떤 세계관을 선택할 것인가?

주목을 끌지 못하면 아무도 당신을 쳐다보지 않을 것이다. 그렇게 되면 당신은 스토리를 들려줄 수 없으며, 당신의 마케팅도 거기서 끝이다. 주목을 끌기 위해서는 스토리가 목표 청중의 세계관에 부합하는 동시에 명징해야 한다.

어떤 프레임을 쓸 것인가?

사람들이 당신의 스토리를 알아차리고 귀 기울이며 믿게 하기 위해서 스토리를 어떤 틀에 짜 넣을 것인가?

사람들이 알아차릴 만한 스토리란 어떤 것인가?

스토리를 제대로 된 틀에 짜 넣었다면, 이제 당신은 섬세한 스토리를 들려줄 수 있다. 당신이 목표로 하는 청중의 입맛에 맞도록, 스토리를 적절한 틀에 짜 맞추라. 청중이 관심을 가질만한(그리고 당신 역시 관심을 가질 수 있는!) 스토리를 이야기하라. 스토리를 들려줄 기회는 단 한 번뿐이다—그리고 당신은 앞으로 그 스토리와 일치하는 삶을 살아야 한다. 당신의 상사가 좋아하는 스토리가 아닌, 진정으로 통할 만한 스토리를 선택하라.

스토리와 일치하는 삶을 살려면?

진정성을 가질 것. 그리고 스토리 안에서 살 것. 지킬 수 없는 약속을 하거나 눈앞의 이익에만 급급해하는 것은 형편없는 거래다. 당신에게는 강력한 도구가 있다—사람들이 좀 더 나은 삶을 살 수 있도록 그것을 사용하지 않겠는가?

스토리를 진실되고 순수하며 진정성을 갖게 하기 위해서라면 아무리 어려운 결정이라도 내릴 수 있겠는가? 타협은 진정성의 적이다.

당신의 스토리를 믿는 개인이 그것을 주변 사람들과 공유할 수 있는 메커니즘을 구축하라. 당신의 스토리와 이질적인 세계관을 가진 사람에게 직접적으로 마케팅을 한다면 당신의 스토리를 퍼뜨릴 수 없다. 당신의 스토리는 개인과 개인이 소통하면서 사적인 상호작용을 일으킬 때에야 비로소 퍼져나갈 것이다.

당신의 지지자들이 친구에게 스토리를 이야기할 때 사용할 만한 손쉬운 방법이 있는가? 그들이 스토리를 적절한 틀에 맞출 수 있도록 도와줄 방법이 있는가?

만일 당신의 제품이나 서비스가 그렇지 못하다면 그것을 변화시켜야 한다!

어떻게 하면 제품이나 서비스를 변화시켜 스토리를 자연스럽고 명확하며 이야기하기 쉽게 만들 수 있을까?

성과가 나타나지 않는다면, 문제는 광고가 아니라 제품 자체에 있을 확률이 높다. 제품이나 서비스가 좀 더 가치 있는 것이 되도록 과감하게 변화시키라.

당신의 퍼미션 자산은 얼마나 되는가?

마지막으로, 당신의 스토리에 귀 기울이고 그것을 믿도록 만드는 세계관을 지닌 이들이야말로 세상에서 가장 귀중한 소비자임을 인식하라. 그들에게 계속 따라다녀도 좋다는 허락을 얻으라. 그런 다음, 그들이 살 만한 제품을 찾는 일에 뛰어들라!

감사의 말

마지막으로 하나만 더. 정말이지 나는 행운아다. 꽤나 방자하게 보일지 모르는 인습타파주의자임에도, 내가 틀렸을 때 그 사실을 지적해 줄 수 있는 놀랍도록 현명한 이들이 주위에 있기 때문이다. 문제가 있다면 내가 그들의 말을 너무 자주 무시한다는 것이랄까.

포트폴리오 출판사의 메건 케이시, 애드리언 잭하임, 윌 와이서, 조지프 페레즈, 앨리슨 스위트에게 감사를 전한다. 라크 (Lark)의 리사 디모나와 카렌 와츠, 로빈 델라보, 체인지디스 사이트의 아미트 굽타에게도.

현실 세계의 스토리텔링에서 나는 사라 크레리 코언, 캐롤 킹, 마커스 자도트, 데이브 발터, 스리프라파이 팁매니, 엘리자베스 탈러만, 제리 셰레슈스키, 비비언 챙, 재클린 노보그라츠에게 많은 도움을 받았다. 톰 피터스에게는 한 문장을 통째로 할애해 감사를 표한다. 그는 그럴 만한 자격이 있으니까. 이 책은 조지 레이코프와 맬컴 글래드웰에게 많은 영감을 받아서 썼다.

레드 맥스웰, 조너선 새크너-번스타인, 제리 콜로나, 톰 코언,

크리스 메이어, 린 고든, 데이비드 이븐칙, 패티 조 윌슨, 젠 클라비어, 샬롯 오키, 리처드 프리메이슨, 앨런 웨버, 빌 테일러, 스튜어트 크리체프스키, 마이클 캐더, 바버라 존슨, 조앤 케이츠, 마릴린 위시니, 드류 두사부는 내가 집필에 전념하도록 힘써 주고 내 글을 한 차원 더 높이 이끌어준 진정한 주인공(그리고 훌륭한 벗들)이다. 이들은 모두 스토리텔링의 대가들이다. 그것도 아주 믿음직한.

당신의 스토리는
무엇인가?

그것이야말로 사람들이 당신에게서 알고자 하는 것이다. 사람들은 당신의 이력서와 당신의 상품 포장, 당신의 입후보 자격, 당신의 광고, 당신의 고객 서비스 직원……, 이 모든 것들이 스토리를 들려주길 원한다.

그러므로 이제 당신 앞에 놓인 과제는 분명하다. 당신은 당신이 말을 걸려는 사람들의 세계관에 잘 맞도록 짜인, 일관성 있고 믿을 만한 스토리를 준비해야 한다. 그 스토리는 확고하고, 정직하며, 투명해야 한다. 또한 당신은 그 스토리와 일치하는 삶을 살아낼 준비가 되어 있어야 한다.

그렇다. 모든 마케터들은 새빨간 거짓말쟁이다. 하지만 성공적인 마케터는 사람들이 믿고 함께 나눌 만한 스토리를 정직하게 들려주는 사람이다.

만일 당신이 사람들의 감정에 영향을 미칠 수 있는 제품이나 서비스, 후보자, 혹은 조직을 판매하길 원한다면,

그리고 만일 당신이 그렇게 하는 데(수익이나 시장 점유율, 혹은 득표율의) 프리미엄을 얻길 원한다면,

당신은 노력을 어디에 쏟을 것인지 다시 한 번 생각해 봐야 한다. 스토리에 집중하라. 스토리는 고객들이 당신의 제품에 대해 느끼는 바에 영향을 준다. 좋은 스토리를 만들어낸다면, 스토리는 곧 제품이다.

몇몇 소비자는 당신의 스토리를 회피하거나 저항하거나 거부할 지도 모른다. 뭐, 상관없다. 당신의 스토리를 듣고 싶어 하는 사람, 믿고 싶어 하는 사람, 그리고 친구들에게 들려줄 사람에게 이야기하라.

다른 사람들에게 스토리를 들려주기 전에 당신은 반드시 스토리에 맞는 삶을 살아야 한다. 스토리에 진정성을 불어넣기 위해서다. 당신이 하는 모든 행동과 당신이 발산하는 모든 신호가 스토리를 뒷받침해야 한다.

마지막으로, 자신이 힘을 발휘할 만한 위치에 있다는 사실을 인식하고, 그 힘을 가치 있는 일, 완전한 진실을 말하고 가치 있는 아이디어를 퍼뜨리는 일에 사용하라.

이 책을 알렉스와 모, 아버지에게 바친다.
그리고 최고의 스토리를 실현시켜 준 헬레네에게도.

SETH
GODIN

ALL MARKETERS
ARE LIARS